I0198579

RODNAYA

RUSSKAYA

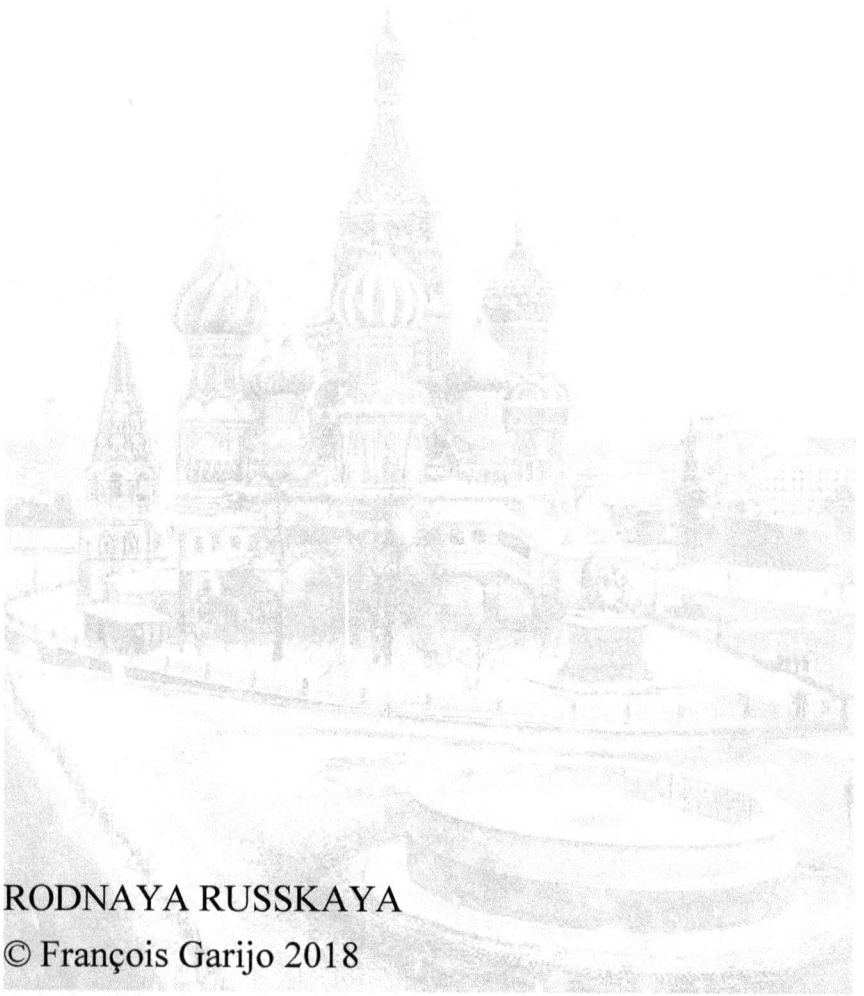

RODNAYA RUSSKAYA
© François Garijo 2018
Dépôt Légal Novembre 2018
N° ISBN : 979-10-97252-12-0
EAN : 9791097252120

INTRODUCTION

Размышления о разном.

Недолюбить или перелюбить, есть ли в жизни счастье?

Наверное, немного найдется в русском языке слов, которые были бы столь же неопределенными по своему содержанию, как слово – любовь, как тут разобраться, о какой любви идет речь?

Любовь это действительно путь к гармонии жизни человека, которая наполняет всю его жизнедеятельность.

Что такое счастье?

Есть ли универсальный ответ на этот вопрос?

Счастье - это когдаесть кого любить.

Самое главное – это гармония в твоей душе, ибо она способна создавать счастье из ничего.

Réflexions sur différentes choses.

Aimer ou ne pas aimer trop, y a-t-il du bonheur dans la vie ?

Il y a probablement peu de mots en russe qui soient aussi vagues dans leur contenu que le mot amour, comment pouvons-nous savoir de quel genre d'amour nous parlons ?

L'amour est réellement la voie de l'harmonie, dans la vie humaine, celle qui remplit toutes ses fonctions vitales.

Qu'est-ce que le bonheur ? Existe-t-il une réponse universelle à cette question ?

Le bonheur est quand il y a quelqu'un à aimer.

Le plus important est l'harmonie dans votre âme, car elle est capable de créer du bonheur à partir de rien.

RODNAYA

RUSSKAYA

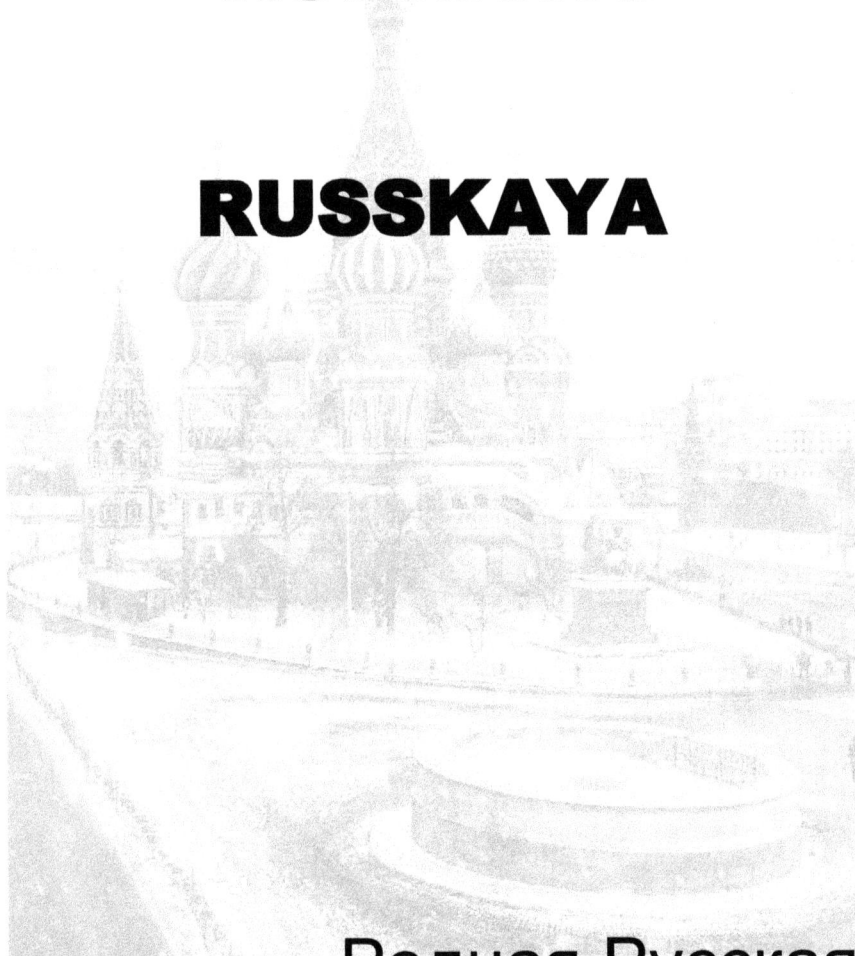

Родная Русская

François Garijo

В жизни главное счастье.

А оно у каждого свое когда есть кого любить и когда тебя любят.

Когда надеются и верят.

Ты жила и живёшь во мне с той минуты, когда мы стали близки и смотрели друг другу в глаза.
Теперь ты всегда со мной.

Ты моя ещё до рождения, а я твой ещё до рождения, теперь я знаю это точно.

Le bonheur est le plus important dans la vie.

Chacun a le sien, quand il y a quelqu'un à aimer et qu'il t'aime.

Quand on espère et on croit.

Tu vis en moi à partir de cette minute où nous fumes proches et nous nous regardâmes dans les yeux l'un de l'autre, maintenant tu es toujours avec moi…

Tu es mienne depuis la naissance et je suis tien aussi depuis ma naissance, maintenant, je sais que cela est ainsi.

И все же в этот момент видит не сердце, видит душа.

Разницы нет, судя по ощущениям, никакие науки не смогут растолковать явления…

…которые с легкостью объясняет любовь.

Как часто мы проживаем непрожитые жизни, думая, а что было бы, если бы я поступил по-другому? И как любит человек свою душу и свою жизнь, так он будет любит. До тех пор, пока душа подарит образы счастья.

Так и должно было быть.

С возрастом мы устаем от людей, от работы, от плохого отношения, от лжи и обманов, от того, что кому-то и что-то мы должны…никому ничего мы не должны, если приятен и важен для тебя человек тогда отдаешь ему все от души при его взаимности и доброму искреннему отношению к тебе.

Хочется иметь маленький уютный мир и если находится очень близкий искренний человек, которому ты веришь, то строишь и живешь в этом маленьком уютном мире уже вдвоем.

Nам вместе хорошо и в близости и просто жить и быть рядом.

Мы оба понимаем, что у нас уже возраст и в нашем возрасте очень важно иметь рядом в жизни надежного человека, спокойную жизнь и чтобы интересы совпадали.

Et pourtant, à ce moment, ce n'est pas le cœur qui voit, mais l'âme qui voit.

A en juger par les sensations, aucune science ne peut interpréter les phénomènes...

...que l'amour explique facilement.

Combien de fois vivons- nous des vies non vécues en pensant, que se passerait-il si j'agissais différemment ? Et comme l'homme aime son âme et sa vie, donc il aimera. Jusqu'à ce que l'âme donne les images de bonheur.

Cela doit donc être ainsi.

Avec l'âge, nous nous lassons des personnes, du travail, des mauvaises relations, des mensonges et des déceptions, de ce que nous devons quelque chose à quelqu'un et nous n'avons besoin de rien à personne, si une personne est agréable et importante pour toi, alors tu lui donnes de toute ton âme avec sa réciprocité et sa bonne attitude sincère envers toi.

Je veux avoir un petit monde confortable et s'il y a une personne sincère très proche à laquelle tu crois, alors tu construis et vis dans ce petit monde confortable à deux.

Nous sommes bien ensemble et dans l'intimité, et simplement vivre et être à côté.

Nous comprenons à nouveau, que nous sommes déjà qu'à notre âge il est très important d'avoir à côté et dans la vie une personne de confiance, une vie tranquille et que les intérêts coïncident

Если человек-твоя судьба, то он снова и снова будет возвращаться в твою жизнь.

Я хочу тебя полюбить, помоги мне в этом.

У каждого из нас есть то, что он держит в себе, чтобы никто не знал. Но всегда появляется тот, кому хочется открыться, рано или поздно. У меня это ты. Наверное потому, что у нас с тобой глубокая, нежная, чувственная душа. Мы и правда с тобой очень похожи.

Нежностью, добротой, заботой можно растопить любое сердце.

Будешь очень счастливая со мной, если твоя душа ответит мне такими же чувствами, как у меня к тебе.

❧

Si une personne est ton destin, elle reviendra encore et encore dans ta vie.

Je veux t'aimer, aide-moi pour cela.

Dans chacun de nous il y a quelque chose que l'on détient que personne ne connait. Mais il y a toujours une personne qui apparaît et qui tôt ou tard veut l'ouvrir. En ce qui me concerne c'est toi, Probablement parce que nous avons avec toi une âme douce profonde sensuelle. Nous sommes avec toi, réellement si identiques.

Par la tendresse, la bonté, le soin il est possible d'allumer n'importe quel cœur.

Tu seras très heureuse avec moi, si ton âme me répond avec les mêmes sentiments que j'ai pour toi.

Такая встреча для меня первая в моей жизни.

Я хочу чтобы мы максимально подарили друг другу свою душевность нежность и любовь.

Это и так уже интересный, нежный и красивый роман.

Я не знал ранее, что бывает такое притяжение к одному человеку.

И без него никак.

Хочешь заглянуть в мою душу-читай мои стихи.
В них-моя душа.

Une telle rencontre est pour moi pour la première de ma vie.

Je souhaite que nous nous donnions l'un à l'autre un maximum de tendresse de notre âme, de sincérité et d'amour

Ceci est déjà un intéressant et tendre et beau roman.

Je ne savais pas auparavant qu'il pouvait exister une telle attirance pour une personne.

Et sans cela rien.

Si tu veux regarder dans mon âme lis mes poèmes.
En eux il y a mon âme.

Мужчина и женщина, которые знают друг друга много лет на расстоянии, и все эти годы любят, хотят увидеть друг друга.

И вот эта долгожданная встреча.

Может быть, когда тебе будет много лет, ты будешь с нежностью вспоминать о нашей с тобой любви.

И даже напишешь о такой редкой любви мужчины и женщины.

Я так нежно, искренне тихо люблю тебя, душой люблю.

И правда, у нас с тобой такой чувственный, красивый роман

Un homme et une femme, qui se connaissent depuis de nombreuses années, à distance, et toutes ces années, ils s'aiment et veulent se voir l'un l'autre.

Et voici cette rencontre tant attendue.

Peut-être quand tu seras dans plusieurs années, tu te souviendras avec émotion de notre amour avec toi. Et déjà même écris sur un tel amour rare entre un homme et une femme.

Et je t'aime si tendrement, sincèrement doucement, du fond de mon âme.

Et la vérité c'est avec toi nous avons une sensuelle et belle romance.

О большой, красивой любви не нужно никому знать.

Эта любовь наша- для нас двоих.

Все что рождается в сердце остается навсегда.

Мне также нравится твоя духовность, доброта, простота, искренность.

А так хочется Любви!

Настоящей, правильной, верной.

Одной и навечно!

Я понимаю, я всей душою чувствую тебя.

Мы еще сильнее влюбимся друг в друга.

Я буду тихо и нежно проникать в твою душу.

Я хочу всегда быть в твоей душе и сердце!

Это Божий дар, так чувствовать и нежно любить.

Я хочу сохранить это приятное чувство к тебе до конца моей жизни.

Au sujet d'un si grand et bel amour, personne ne doit rien savoir.

Cet amour est le nôtre et pour nous deux.

Tout ce qui est né dans le cœur, y demeure pour toujours.

J'aime aussi ta spiritualité, ta bonté, ta simplicité, ta sincérité.

Comme je voudrais l'amour !

Réel, droit, fidèle.

Un et pour toujours !

Je comprends, je te ressens de toute mon âme.

Nous sommes encore plus fortement amoureux l'un de l'autre.

Je vais doucement entrer dans ton âme.

Je veux toujours être dans ton cœur et dans ton âme.

C'est un cadeau de Dieu, de ressentir cela et d'aimer tendrement.

Je veux préserver ce sentiment heureux pour toi, jusqu'à la fin de ma vie.

Мы слышим сердцем через расстояние.

У тебя своя душевная боль, а у меня своя.

Давай, коснись желаньем, Нежно, как губами.

Моя душа и тело безумно тянутся к тебе.

Я хочу с тобой излечиться от душевной боли, от страха.

Мы очень похожи в этом.

И еще во многом другом похожи.

Я правда надеюсь на долгое будущее между нами!

Потому что я в тебе почувствовал такую же нежность и душевность, как у меня.

Я всю свою сознательную жизнь мечтал о таких взаимо отношениях, встрече с огромным взаимным желанием.

Это только можно с любимым человеком, с тобой, как муж и жена.

Счастливые и любящие.

Самое приятное событие в моей жизни это ты.

Мы полностью отдаемся друг другу.

Nous entendons nos cœurs malgré la distance.

Tu as ta propre douleur de l'âme, et j'ai la mienne.

Allons-y, touchons-nous de désir, tendrement comme les lèvres.

Mon âme et mon corps sont attirés par toi à la folie.

Je veux avec toi guérir de la douleur de l'âme, des peurs.

Nous sommes très semblables en cela.

Et dans beaucoup d'autres choses similaires.

En vérité, j'ai l'espérance d'un long futur entre nous !

Parce que je ressens en toi la même tendresse et sincérité, comme en moi.

J'ai rêvé toute ma vie de ces mutuelles relations, d'une rencontre avec un énorme désir réciproque.

Cela est possible seulement avec une personne aimée, avec toi comme mari et femme.

Heureux et amoureux.

L'événement le plus agréable de ma vie c'est toi.

Nous nous donnons complètement l'un à l'autre.

Иногда мы молчим не потому что нам нечего сказать, а потому, что хотим сказать намного больше, чем кто-то сможет понять.

Родственные души, души близкие друг к другу, могут понимать друг друга без слов!

Для них, даже молчание бывает красноречивее целого потока слов!

Открою тебе моё сердце- ты просто есть и большего не надо!

Чувственная, ранимая и нежная твоя душа!

Я хотел быть самым лучшим для тебя!

Пусть меня обожгут страстью губы твои, шепни мне о любви, родственная душа моя!

Я с тобой всегда.

Редко сейчас бывает настоящая любовь, которую люди могут сохранить на долгие годы.

Лучше быть одной и верить только себе, и это чувство немного согревает душу, и чуть покой в душе, настоящая любовь редкая, любовь, вещь редкая.

Очень сильно скучаю по тебе, мне тебя не хватает рядом.

Parfois, nous sommes silencieux, non pas, parce que nous n'avons rien à dire, mais parce que nous voulons dire beaucoup plus, ce que chacun peut comprendre.

Des âmes sœurs, les âmes proches l'une de l'autre, peuvent se comprendre sans mots !

Pour elles, même le silence est plus éloquent que les mots d'un ruisseau !

Je vais t'ouvrir mon cœur, tu es simplement là, et rien d'autre ne m'est nécessaire !

Ton âme sensible, tendre et vulnérable !

Je voulais être le meilleur pour toi !

Que tes lèvres me brûlent de ta passion, prends soin de moi, mon âme sœur !

Je suis toujours avec toi.

Maintenant, il arrive rarement un amour sincère, lequel les personnes peuvent sauvegarder de longues années.

Il est meilleur d'être seul et de ne croire qu'en soi même, et ce sentiment repose l'âme, un peu de paix dans l'âme, l'amour sincère est rare, l'amour est une chose rare.

Tu me manques très fort, tu n'es pas à côté de moi.

Касаясь твоих нежних рук безумно скучаю и знаю, что мы любим друг друга так, как любят в жизни только раз!

Мы нашли друг в друге то, что искали!

Я у тебя ничего не прошу.

Я ничего не буду ждать.

Мне просто так хорошо с тобой !

Не важно, как мы далеко друг от друга.

Главное -Ты в моем сердце, а значит - Ты всегда со мной рядом.

Toucher tes mains douces me manque follement, et je sais que nous-nous aimons mutuellement l'un l'autre, comme on n'aime qu'une seule fois dans la vie !

Nous avons trouvé l'un dans l'autre ce que nous cherchions !

Je ne te demande rien.

Je n'attends rien.

Je suis simplement bien avec toi !

Peu importe à quel point nous sommes loin l'un de l'autre.

Le plus important est que tu sois dans mon cœur, cela signifie que tu es toujours à côté de moi.

Во время нашей с тобой встречи, я почувствовал, что мы нужны друг другуя понял, как с тобой легко, тепло, и уютно жить, как может быть все приятно и взаимно.

Я не представляю жизни без тебя, ты мне очень нужен, с тобой так светло душевно нежно спокойно, я люблю с тобой нашу нежность.

Ты одна из лучших людей, которых я встречал в этой жизни.

Ты нужна мне!

Ты дорога мне!

Ты замечательный человек!

Хочу, чтобы ты всегда оставалась моей подругой, чтобы ты всегда была здорова, успешна и жила долго и счастливо!

Чтобы все мечты твои сбывались, и ты радовала нас своей чудесной улыбкой!

Ты – чудо!

Оставайся таким же прекрасным человеком всегда!

Ничего нет, кроме тебя.

Можно закрыть глаза на то что видишь, но нельзя закрыть сердце на то, что ты чувствуешь мы становимся зависимыми друг друга.

Возьми мои руки в свои, чтобы тепло твоих рук ощутить на своей коже, на своей руке!

Я люблю тебя, моя подруга!

Au moment de notre rencontre avec toi j'ai ressenti, que nous avons besoin l'un de l'autre, combien avec toi c'est facile, chaud, et confortable de vivre, combien cela peut être plaisant et réciproque.

Je n'imagine pas ma vie sans toi, j'ai vraiment, beaucoup besoin de toi, c'est si éclatant avec toi, depuis l'âme, tendre, doux, j'aime notre tendresse avec toi.

Tu es l'une des meilleures personnes que je n'ai jamais rencontrées dans cette vie.

J'ai besoin de toi.

Tu m'es chère !

Tu es une personne merveilleuse !

Je veux que tu restes toujours mon amie, que tu sois toujours en bonne santé, avec succès et vives heureuse pour longtemps !

Que tous tes rêves se réalisent !

Tu nous réjouisses avec ton merveilleux sourire !

Toi- un miracle !

Reste la même personne merveilleuse à jamais !

Il n'y a personne comme toi.

Tu peux fermer les yeux sur ce que tu vois, mais tu ne peux pas fermer ton cœur sur ce que tu ressens, nous devenons dépendants l'un de l'autre.

Prends mes mains dans les tiennes pour réchauffer tes mains en sentant ma peau, avec ta main !

Je t'aime, mon amie !

Бывает настолько вкусно с тобой, моя тихая нежная.

Ведь нам и вечности с тобой не хватит.

Тебя никто так, как я, любить не будет.

Тебя никто так не почувствует, как я.

Люблю любовь с тобой и тебя.

У меня на шее был твой шарф и я вдыхал твой аромат, и у меня текли слезы на твой шарф.

Давай беречь наши с тобой лучшие моменты.

Я хочу растянуть их на всю нашу жизнь.

Хочу с тобой жить долго - долго и нежно – нежно.

Подари мне сильный и страстный поцелуй.

В наших глазах- отражение нашей любви.

Без тебя душа моя не может.

Ты с каждым днём становишься нужнее.

В этом мире есть только одно счастье — и это счастье быть с тобой.

Это так много, и так важно!

Это можно только почувствовать!

Ты мне даришь покой, тепло, нежность в улыбке, близость в прикосновении!

Много поцелуев тебе!

Il arrive que ce soit si délicieux avec toi ma douce et tendre.

Entre nous l'éternité ne suffira pas.

Personne ne t'aimera comme je t'aime.

Personne ne te ressent, comme moi.

J'aime l'amour avec toi, et toi.

J'avais autour du cou ton écharpe, et j'ai respiré ton odeur, et mes larmes ont coulé sur ton écharpe.

Allons-y, chérissons avec toi nos meilleurs moments.

Je veux les étendre à toute notre vie.

Je veux vivre avec toi longtemps, longtemps et tendrement, tendrement.

Donne-moi un baiser passionnel fort.

Avec dans nos yeux notre amour en feu.

Sans toi mon âme ne peut pas.

Tu me deviens chaque jour d'avantage nécessaire.

Dans ce monde il y a seulement un bonheur, et c'est un bonheur que d'être avec toi.

Ceci est déjà beaucoup et si important !

Il est seulement possible de le ressentir !

Tu me donnes paix, chaleur et tendresse dans un sourire, la proximité du toucher !

Beaucoup de baisers pour toi !

Ты будешь со мной всегда в любом случае из своей души я тебя не отпущу никогда и ты это будешь чувствовать.

Если будет суждено то конечно мы будем вместе и до конца

Мы уже оба поняли, почему мы так долго ждали этой реальной встречи, я понял, что тебе эта встреча была очень приятна и долгожданна и ты действительно хотела меня и все хотела со мной, как женой.

Мы попробовали с тобой все, как муж и жена, были очень счастливы, мы похожи в желаниях, в жизни.

Я снова хочу тебя для себя, и еще сильнеете хочу себя отдавать тебе, лишь встреча так много подарила нам с тобой, в тебе много того что мне необходимо, когда я с тобой, я понимаю как мы любим друг друга.

Ты для меня все, наверное поэтому я так сильно по тебе скучаю, и еще потому что уже знаю, как было с тобой приятно в близости и может еще быть гораздо лучше, когда мы узнаем друг друга глубже.

Ранее тебя и меня никто так искренне не любил ни в семье ни в жизни а мы с тобой так смогли искренне открыли душу друг другу и полюбили так, что при наше встрече мы наслаждались друг другом во всем.

Знаешь, когда думаю о тебе, то возникают светлые мысли, с улыбка на губах, в теле душевность нежность и желание к тебе, у нас с тобой может быть все о чем мы можем только мечтать, я соскучилась по тебе.

Tu seras toujours avec moi en tout cas, de mon âme je ne te laisserai jamais partir et tu sentiras cela.

S'il c'est la destinée, alors bien sûr nous serons ensemble et à la fin.

Nous comprenons à nouveau, ce pourquoi, nous avons si longtemps attendu cette rencontre réelle, je compris que cette rencontre fut très plaisante et longtemps attendue et tu me voulais réellement et tu voulais tout avec moi comme une épouse.

Nous avons tout essayé avec toi, comme mari et femme, nous avons été très heureux, nous sommes identiques dans nos désirs, dans la vie.

Je te veux à nouveau pour moi, et encore plus fort je veux me donner à toi, une seule rencontre nous a tant donné avec toi, en toi il y a tant dont j'ai besoin, quand je suis avec toi, je comprends combien nous, nous aimons l'un l'autre.

Tu es tout pour moi, probablement par ce que tu me manques très fort, et plus par ce que je sais comment cela fut si agréable dans l'intimité avec toi et peut être encore meilleur, quand nous nous connaissons profondément l'un l'autre.

Personne avant toi ne t'a, et ne m'a aimé si sincèrement, ni dans ta famille, ni dans la vie, et nous avons pu avec toi sincèrement ouvrir mutuellement nos âmes l'un pour l'autre, et avons aimé cela, dans notre rencontre nous nous sommes appréciés l'un l'autre dans tout.

Tu sais, quand je pense à toi, des idées lumineuses surgissent, avec un sourire sur les lèvres, dans le corps de la tendresse sincère et du désir pour toi, nous avons avec toi, peut-être tout ce dont nous pouvons seulement rêver, tu me manques.

Мы так долго ждали друг друга, что наслаждались каждой минутой проведенной вместе, теперь я понимаю, почему ты хотела меня даже ночью и всегда. Ты живешь и можешь ходить по тем улицам, и паркам, где мы с тобой гуляли и думать и так же вспоминать. Где я нашел тебя и где моя душа и мое сердце выбрало тебя, я твой мужчина ты все сделала для этого, чтобы было так

Моя душа и мое сердце выбрало тебя, было все самое лучшее, что может быть между мужчиной и женщиной.

Мы совпали с тобой, мы похожи, поэтому мы так долго вместе, и с каждым днем все лучше сильнее, нежнее с желаннее.

Я спрошу у своей души, тихий голос моей души говорит мне, давай найдем друг друга, просто так!

А может даже встретимся!

Давай поговорим немного обо мне и о тебе.

Без тебя дом кажется пустым.

Чего-то не хватает.

Вот чего мне в жизни не хватало.

Знаешь, как мне тебя в жизни не хватало.

А ты мне даришь в будущее дверь.

Nous, nous avons si longtemps attendus l'un l'autre, car nous avons apprécié chaque minute passée ensemble, maintenant je comprends pourquoi tu me voulais même la nuit et toujours. Tu vis et peux aller dans ces rues et parcs où nous, nous sommes promenés avec toi et penser et aussi te souvenir. Là où je t'ai trouvée, là où mon âme et mon corps t'ont choisie, je suis ton homme, tu as tout fait pour que cela soit ainsi.

Mon âme et mon cœur t'ont choisie, ce fut ce qu'il y eut de meilleur, de ce qu'il peut y avoir entre un homme et une femme.

Nous coïncidons avec toi, nous sommes identiques, parce-que nous avons longtemps été ensemble, et chaque jour tout fut meilleur, fort, tendre, avec désir.

Je demande à mon âme, douce voix de mon âme parle-moi, allons ensemble, trouvons-nous l'un l'autre simplement ainsi !

Nous nous sommes peut-être déjà rencontrés !

Allons-y parlons un peu de moi et de toi.

Sans toi la maison semble vide.

Quelque chose me manque.

Voici quelque chose qui me manque dans ma vie.

Tu sais combien tu me manques dans ma vie

Tu me donnes une porte sur l'avenir.

Ты моя нежная самая любовь, открытая женщина, душевная искренняя и наверное очень доверчивая.

У нас с тобой все случилось.

Все что искренне и взаимно мы всегда чувствуем.

У нас много любви и нежности и желания, когда мы думаем друг о друге то никого между нами нет.

Когда мужчина и женщина влюбляются и вступают в любовные отношения, то они должны быть счастливы друг с другом.

При взаимной любви как женщина, так и мужчина одинаково нуждаются и зависят друг от друга.

Мы так долго ждали, наверное сейчас было бы все еще более нежно между нами, мы уже не молоды и многое чувствуем душой и ценим все настоящее и чувства тоже. Я забываю всё на свете В твоих безудержных губах.

Я дал тебя столько сколько это было возможно, у тебя не было такой любви ранее и уже не будет с другими, потому что ты будешь хотеть все так же нежно искренне с желанием и любовью, как все это было со мной.

Мы живем друг другом и были счастливыми, потому что были вдвоем, а это гораздо лучше, чем быть по одному мы двое, как долго мы были двое и радоваться, бесконечно этому радоваться.

Тебе для счастья нужно немного, в жизни с тобой легко мы нашли друг друга, теперь в одной жизнью двух самых обыкновенных счастливых, дышим, любим и ты от этого счастлива.

Tu es mon plus grand et tendre amour, femme ouverte, sincère et probablement très confiante.

Tout est arrivé entre nous.

Nous ressentons toujours tout ce qui est sincère et réciproque.

Nous avons beaucoup d'amour de tendresse et de désir, quand nous pensons l'un à l'autre, il n'y a personne entre nous.

Quand l'homme et la femme tombent amoureux et entrent dans des attitudes d'amour, alors ils doivent être heureux l'un avec l'autre.

L'amour mutuel tant pour la femme, que pour l'homme exige également qu'ils dépendent l'un de l'autre.

Nous avons tant attendu, probablement ce sera désormais plus tendre entre nous, nous ne sommes déjà plus jeunes et ressentons beaucoup avec notre âme et apprécions tout ce qui est réel, les sentiments aussi. J'oublie tout dans le monde sans retenue dans tes lèvres.

Je t'ai donné tant et combien cela me fut possible, tu n'eus jamais un tel amour auparavant et déjà ne sera pas avec d'autres, car tu voudras tout ce qui était tendre et sincère avec désir et amour, comme cela le fut avec moi.

Nous vivons l'un pour l'autre et étions heureux car nous étions deux, et c'est bien meilleur que d'être seul, nous sommes deux, nous avons été deux depuis si longtemps, et heureux, infiniment heureux de cela.

Tu as besoin de peu pour ton bonheur, et dans la vie nous nous sommes mutuellement trouvés avec facilité, maintenant dans une seule vie les deux plus heureux ordinaires, respirons, aimons et tu es heureuse de cela.

Я тебя очень люблю и всегда буду любить, ты моя самая красивая нежная искренняя любовь в моей жизни, ты подарил мне красивую нежность близость, свою заботу обо мне, я всегда буду это помнить Я никогда не забуду твою заботу обо мне.

Я очень люблю с тобой нежные и страстные поцелуи.

Я люблю тебя всей душой, всем сердцем, каждой частичкой себя, и больше не могу представить себе жизнь без тебя.

Когда невозможно прожить и минуты без любимого человека.

Я люблю тебя, несмотря на то, как ты выглядишь.

Но я хочу честно сказать тебе, что внешне ты мне безумно нравишься с тобой.

Я человек, который останется с тобой из за твоей души.

Есть гармония души. Ты единственная!

Любовь не покупается и не продается !

Любовь приходит, когда мы её совсем не ждем и чем больше нам нравится то, чего мы ждем, тем сильнее желание!

Я по тебе соскучилась!

Je t'aime énormément, et je t'aimerai toujours, tu es le plus grand, beau, tendre, sincère amour dans ma vie, tu m'as donné une belle tendresse et intimité, tu as pris soin de moi, je me rappellerai de cela pour toujours. Je n'oublierai jamais que tu as pris soin de moi.

J'aime énormément des tendres et passionnés baisers avec toi.

Je t'aime de toute mon âme, de tout mon cœur, de chaque partie de moi, et ne peux pas imaginer davantage la vie sans toi.

Quand il est impossible de vivre une minute davantage, sans sa personne aimée.

Je t'aime sans regarder ton apparence extérieure.

Mais je veux te dire honnêtement qu'extérieurement tu me plais à la folie.

Je suis la personne qui reste avec toi pour ton âme amoureuse, il y a harmonie de l'âme.

Tu es unique !

L'amour ne peut pas être acheté ni vendu avec toi !

L'amour arrive quand nous ne l'attendons pas, et plus nous plait ce que nous attendons, et plus le désir est fort !

Je m'ennuie sans toi !

Любовь должна делать человека счастливым, и мужчина находится рядом с той женщиной, которая ценит его отношение к ней.

Желаю самого чудесного вечера, наполненного ароматом нежности, ощущениями счастья и свободы, нотами вдохновения и веселья.

Пусть ничто не испортит настроения, пусть никто не сможет нарушить нашей вечерней идиллии.

Поверь мне, с каждым днем все больше к тебе нежности понимания и желания, желания быть ближе к тебе, рядом и быть самыми близкими людьми и больше всего очень счастливыми.

Я очень тебе благодарю тебе за твоё участие в моей жизни, это счастье и в глазах был свет и лучики надежды и любви.

Я сейчас думаю, что мы оставили друг в друге все самое дорогое что в нас есть.

Ты первая женщина в моей жизни, которая искренне меня любит и поэтому отдает меня всю свою нежность, душевность свое тело только для меня одного. И еще действительно редкая женщина, очень чувственная и нежная с своими нежными касаниями, души и тела, для меня, так все первый раз в жизни по настоящему очень искренне и очень нежно и душевно, поэтому все это так глубоко в моей душе и в своем сердце. Наверное я всю свою жизнь ждал такой любви искренней и взаимной.

Моя женщина. Ну сделай хоть что-нибудь!

L'amour doit rendre la personne heureuse et l'homme qui se trouve à côté de cette femme doit faire qu'elle apprécie son attitude envers elle.

Je te souhaite la plus belle soirée remplie de l'arôme de la tendresse, du bonheur et des sentiments de liberté, des notes d'inspiration et de plaisir.

Que rien ne puisse gâcher l'ambiance, que personne ne puisse perturber notre soirée idyllique.

Crois-moi, j'ai davantage de tendresse pour toi, de compréhension et de désir pour toi, désir d'être proche de toi, à côté, que nous soyons les personnes plus proches et par-dessus tout, très heureuses.

Je te suis reconnaissant pour ta participation dans ma vie, c'est du bonheur, et de la lumière dans les yeux et un rayon d'espoir et d'amour.

Maintenant je pense que nous, nous nous sommes donnés l'un à l'autre, ce qu'il y a de meilleur en nous.

Tu es la première femme dans ma vie qui m'a aimé sincèrement et parce que tu m'as m'a donné toute ta tendresse, ton âme, ton corps seulement à moi seul. Et décidément une femme rare, très sensuelle et tendre avec ses tendres touchers, de l'âme et du corps, pour moi tout cela a lieu pour la première fois dans la vie, pour de vrai, très sincère et très tendre, de l'âme, par ce que tout ceci est profondément dans mon âme et dans mon cœur. J'ai probablement attendu un tel amour sincère et réciproque toute ma vie.

Ma femme. Fais juste que cela soit ainsi !

Моя душа стала очень близка с твоей и скучать по тебе я стал больше, теперь я знаю тебя реального и поэтому думать скучать желать тебя еще намного приятнее, в жизни мы оба с тобой лучше, ты еще мне больше понравился чем ранее.

Ведь серьезные намерения у партнёра могут возникнуть только после того, как он осознает, насколько сильно ему дороги отношения с тобой.

Я не знаю, какие мысли в твоей голове? Но мои мысли о тебе, я очень соскучилась по твоим губам и поцелуям, по твоему телу. Наши чувства и отношения друг к другу с годами приобретают новые оттенки нежности душевности и любви, сейчас мы скучаем очень, душой чувствуем друг друга, наше чувство все сильнее мы все больше хотим быть рядом.

Mon âme est devenue très proche avec la tienne et tu me manques encore plus maintenant que je te connais réellement, et c'est pourquoi me languir de toi et te désirer est davantage agréable, dans la vie avec toi, nous sommes à nouveau meilleurs, tu me plais d'avantage que par le passé.

Toutes les intentions sérieuses qu'un partenaire puisse avoir le seront seulement après qu'il réalisera, dans quelle forte durée sera sa relation avec toi.

Je ne sais pas quels rêves il y a dans ta tête ? Mais mes rêves sont pour toi, je me languis très fort de tes lèvres et baisers, de ton corps. Nos sentiments et relations l'un pour l'autre ont acquis avec les années de nouvelles nuances de tendresse, de l'âme, d'amour, maintenant nous, nous languissons beaucoup, ressentons l'un l'autre avec notre âme, nos sentiments sont plus forts, nous voulons encore plus être à côté.

Ты моё бесконтрольное счастье, сумасшедшее чудо, зародившееся в душе ниоткуда.

Обними меня крепче.

И пусть узнаю я тепло твоих рук.

Спасибо, за то что ты есть.

Любой момент жизни однажды заканчивается. Но с тобой в памяти всё остается навсегда.

Знаешь я почувствовал, когда я был а последние дни с тобой и я понял, что расставание будет очень трудное и мы будем очень сильно скучать.

Tu es mon bonheur incontrôlé né dans l'âme, miracle fou en venant de nulle part.

Serre moi très fort.

Et que je connaisse la chaleur de tes mains…

Merci parce que tu es là.

Chaque bon moment de la vie se termine un jour. Mais avec toi, dans la mémoire reste à jamais.

Tu sais, j'ai ressenti quand j'étais ces derniers jours avec toi et j'ai compris que la séparation sera très difficile et que nous nous manquerons très fort.

Я имею принцип, меня интересует не внешность людей, я обращаю внимание только на их внутренний мир.

Этот принцип поможет поддерживать психологический баланс между партнерами, если человек понимает меня.

Ты моя женщина и ты тоже можешь лепить из меня мужчину для себя, это подарок нам с тобой от жизни, так бывает очень редко, а мы с тобой очень счастливы вместе, хочу с тобой пробовать, то чего у нас с тобой еще не было.

Как мы ждали этой встречи, это был долгожданный момент, я помню каждый с тобой день, и наши с тобой романтические вечера, и такие нежные ночи, я чувствую, что мы очень скучаем, и еще хотим друг друга, более нежно и душевно, я понимаю и чувствую, что ты сильно думаешь обо мне, я это чувствую, и у меня возникает такое же взаимное желание к тебе.

Я люблю тебя, и не важно, верят в это другие или нет, ты та, о которой я так долго мечтал.

Я просто хотел узнать, сможет ли мне кто-нибудь понравиться, и понравлюсь ли я.

Дорогая, доброго утра и светлого дня, полного маленьких и больших радостей.

Ты всегда со мной, глубоко в моей душе и сердце.

Помни об этом, хочется тебе дарить и дарить всё, что есть во мне доброго, светлого, нежного.

J'ai un principe, je ne m'intéresse pas aux choses superficielles des gens, je ne fais attention qu'aux qualités profondes.

Ce principe aidera à supporter un équilibre psychologique entre des partenaires, si la personne me comprend.

Tu es ma femme, tu peux me modeler comme homme pour toi, ceci est pour nous un cadeau de la vie, ceci arrive très rarement et nous sommes avec toi très heureux ensemble, je veux essayer avec toi, tout ce qu'il n'y a pas encore eu entre nous.

Comme nous avons attendu cette rencontre, ce fut un moment longuement attendu, je me rappelle de chaque jour avec toi, de nos soirées romantiques, et de ces douces nuits, je ressens que nous nous languissons et nous voulons l'un l'autre, plus tendrement et sincèrement, je comprends et ressens que tu penses très fort à moi, je ressens cela, et en moi il y a un désir réciproque envers toi.

Je t'aime, et il n'est pas important de croire si cela est ou pas. Tu es mienne à quoi d'autre dois-je rêver.

Je voulais juste une chance de savoir si je plais à la personne qui me plaît et si je lui plais.

Chère douce matinée et journée lumineuse pleine de petites et de grandes joies.

Tu es toujours avec moi, profondément dans mon âme et dans mon cœur.

Rappelle-toi ceci, je voudrais tout te donner, tout ce qui est en moi de bon, de lumineux de tendre.

Дружба между мужчиной и женщиной не бывает, всё имеет особые смыслы – каждый день, каждый вздох, складываются особые отношения, наша беда в том, что мы проживаем свою жизнь так, будто в ней есть правила а их нет.

Настоящая любовь, это долгие, долгие годы...нисмотря ни на что, это всегда очень трогательные истории до слез.

Вы сохраняете спокойствие в душе, потому что, Любо́вь, это чувство, свойственное человеку, глубокая привязанность, бывает, западает в душу какая-нибудь мелодия и звучит долго – долго как будто бесконечно.

L'amitié entre homme et femme n'existe pas, tout a une signification particulière, chaque jour, chaque souffle, nous entretenons une relation privilégiée, notre trouble est que nous vivons notre vie comme ça, comme s'il y avait des règles mais elles il n'y en a pas.

L'amour sincère, ce sont de longues, longues années, malgré tout, ce sont toujours des histoires très touchantes jusqu'aux larmes.

Vous sauvegardez le calme dans l'âme, car l'amour est un sentiment particulier à une personne, une affection profonde, cela arrive, s'enfonce dans l'âme, une mélodie qui sonne très longtemps, comme si elle était infinie.

Можно закрыть глаза на то что видишь. Но нельзя закрыть сердце на то что ты чувствуешь, к мне.

Ты единственный человек, без которого невозможно жить!

Мне без тебя так трудно жить.

Я хочу больше давать чем получать.

Когда родственные души встречаются на Земле, происходит мгновенное узнавание друг друга на уровне сердца.

Ты - моя родственная душа.

Tu peux fermer les yeux sur ce que tu vois mais tu ne peux pas fermer ton cœur sur ce que tu ressens pour moi.

Tu es la personne unique sans laquelle vivre est impossible.

Il m'est difficile de vivre sas toi.

Je veux donner d'avantage que de recevoir.

Lorsque deux âmes sœurs se rencontrent sur la terre, il y a une reconnaissance instantanée l'un l'autre au niveau du cœur.

Tu es mon âme sœur.

Открою Тебе Моё сердце, ты имеешь полное право верить мне.

Никто не мог тебя любить, как я, ты знаешь силу моего чувства.

Ты просто есть и большего не надо!
Я чувствую твою ранимую и нежную душу.

Гармония невозможна, когда любовь сталкивается со страхом и недоверием.

Вот и получается, что в целях самозащиты люди закрываются, замыкаются на себе, стремятся больше получать, чем отдавать.

Je t'ouvre mon cœur, tu peux parfaitement ne pas le croire.

Personne ne peut t'aimer comme moi, tu connais le pouvoir de mes sentiments.

Tu es simplement là, et je n'ai besoin de rien d'autre !
Je ressens ton âme tendre et vulnérable.

L'harmonie est impossible quand l'amour est confronté à la peur et la méfiance.

Ici il se trouve que pour se protéger, les personnes se referment sur elles-mêmes, et ont tendance à recevoir plus que de donner.

Цените и дорожите человеком, если судьба сделала Вам такой подарок !

Постарайтесь сделать всё возможное, чтобы не потерять это счастье.

Слёзы значат больше, чем улыбка.

Потому что улыбаемся мы почти всем подряд, а плачем только из-за тех, кого любим.

Ведь душа - не орган. Но как сильно ощущаешь, когда она болит.

Не пачкайте свою жизнь людьми, которые вас не ценят.

Appréciez et estimez la personne, comme un cadeau que le destin vous a donné !

Essayez de faire tout votre possible pour éviter de perdre ce bonheur.

Les larmes peuvent signifier plus que le sourire. Parce que le sourire, nous le donnons à presque tout le monde, mais nous ne pleurons que pour ceux que nous aimons.

L'âme n'est pas un organe. Mais à quel point tu ressens fortement quand elle a mal.

Ne gâchez pas votre vie avec des gens qui ne vous apprécient pas

Нам очень и очень понравился наш с тобой приятно быть вместе и рядом во всем, гармоничные отношения, поэтому я еще хочу быть с тобой рядом, Наши чувства и отношения друг к другу с годами приобретают новые оттенки нежности душевности и любви, сейчас мы скучаем очень, душой чувствуем друг друга.

Мы оба уже хотим все реально, потому что уже знаем, как это может быть, и уже гораздо лучше, потому что уже мы очень близки.

Мы наслаждались каждым мгновением, у меня многое было с тобой в первый раз.

Я тебя благодарю за все то, что ты мне подарила.

Мы уже знаем с тобой, как могло бы быть вместе, большая часть жизни уже прожита и есть возможность сравнить.

Каждый новый день начинается с мыслями о тебе. Засыпаю и тоже думаю о тебе. Ты всегда рядом.

Моей душе уютно и спокойно рядом с тобой.

С каждым днем я хочу быть всё ближе и ближе к тебе.

Я дышу с тобой, мое сердце стучит, как и твое, и душа моя рядом с тобой.

Как же мы похожи, наверное мы в прошлой жизни были знакомы.

Nous aimons beaucoup être ensemble avec, toi agréablement proches en tout, dans des relations harmonieuses, voilà pourquoi je veux de nouveau être à côté de toi. Nos sentiments et attitudes l'un pour l'autre, avec les années acquièrent de nouvelles nuances de tendresse du fait de la sincérité et de la tendresse et de l'amour, maintenant nous manquons beaucoup, nous ressentons mutuellement nos âmes l'un de l'autre.

Nous voulons à nouveau que tout soit réel, parce que nous savons déjà, comment cela peut être, et c'est déjà bien meilleur, parce que déjà, nous sommes très proches.

Nous avons apprécié chaque moment, j'ai eu avec toi beaucoup de choses pour la première fois.

Je te remercie pour tout ce que tu m'as donné.

Nous savons déjà avec toi, comment nous pouvons être ensemble, une grande partie de notre vie a déjà été vécue et avons la possibilité de comparer.

Chaque nouvelle journée commence avec une pensée pour toi. Je m'endors et pense aussi à toi. Tu es toujours là.

Mon âme est confortable et tranquille à côté de toi.

Chaque jour, je veux être plus proche, et proche de toi.

Je respire avec toi, mon cœur bat comme le tien, et mon âme est à côté de toi.

Comme nous sommes semblables, nous le fûmes probablement dans une vie antérieure nous nous connaissions.

Хочу чтобы мы дарили друг другу тихую нежность.

Две души могут коснуться друг друга, только если они друг другу предназначены.

Кончиками пальцев, нежно-нежно прикасаюсь я к твоим губам.

Как мне дорога ты сейчас.

Заверни меня в нежность свою.

Слушать всегда надо свое сердце, оно не обманет.

Любая женщина обладает этим чувством.

Благодарю от всей души.

Всегда держу свое слово между нами.

Я тебя никогда забыть не смогу.

Как же приятно любить просто душой и сердцем.

Твоя душа и отношение ко мне очень нежное доброе и рядом и на расстоянии.

Je veux que nous nous donnions l'un à l'autre une douce tendresse.

Deux âmes peuvent se touchent uniquement, si elles sont destinées l'une à l'autre.

Du bout des doigts doucement-doucement toucher tes lèvres.

Comme tu m'es chère maintenant.

Enveloppe-moi dans ta tendresse.

Il est nécessaire d'écouter son cœur, il ne se trompe pas.

Une femme amoureuse ressent ce sentiment.

Je te remercie de toute mon âme.

Toujours tenir sa parole entre-nous.

Je ne pourrai jamais t'oublier.

Comme il est plaisant d'aimer simplement avec l'âme et le cœur.

Ton âme et ton attitude envers moi sont très douces, tendres à côté, et à distance.

Хочу смотреть в твои глаза и видеть блеск твоих глаз, улыбку на твоих губах, при касании твоей руки, чувствовать, как нежное тепло разливается по всему телу.

Я все пойму по твоим глазам.

Чувствуешь, как мне без тебя тяжело?

Самый большой подарок для меня, это ты!

Ты думаешь обо мне, ты подарила мне много приятных и нежных моментов в моей жизни.

Ты на кончиках моих пальцев.

Je veux regarder dans tes yeux et voir l'étincelle dans tes yeux, un sourire sur tes lèvres, au contact de ta main, sentir comme une douce chaleur se propage dans tout le corps.

Je comprends tout dans tes yeux.

Ressens-tu comme sans toi cela m'est difficile ?

Le plus grand cadeau pour moi, c'est que tu sois là, tu penses à moi.

Tu m'as donné beaucoup de moments agréables et tendres dans ma vie.

Tu es sur le bout de mes doigts.

Цените верность!

Это самое драгоценное качество в любви, дружбе и в жизни.

Верность в течение всей жизни — это тот идеал, к которому необходимо стремиться.

В наше непростое время, постоянство — на вес золота.

Мы ищем родственную душу всегда и везде, даже если сами этого порой не осознаем, все мы ищем душевное родство, даже если существование души не верим.

Если вы друг друга обрели, это настоящий подарок небес, не потеряйте то, что даровано вам. Берегите друг друга и вашу любовь.

Не разрушайте то хрупкое, редкое и великое чувство, которое суждено вам.

Самый лучший способ не разочаровываться — ничего ни от кого не ждать.

Если два человека привяжутся друг к другу душами, они уже неразделимы.

Даже если их тела далеко друг от друга, их души всегда вместе.

Appréciez la fidélité !

C'est la qualité la plus précieuse en amour, en amitié et dans la vie.

La loyauté tout au long de la vie est l'idéal auquel il faut s'efforcer.

Dans nos moments difficiles, la consistance vaut son pesant d'or.

Nous sommes à la recherche d'une âme sœur, toujours et partout, même si parfois on ne s'en rend pas compte soi-même, que nous sommes tous à la recherche de la parenté spirituelle, même si on ne croit pas à l'existence de l'âme.

Si vous vous êtes trouvés l'un l'autre, c'est un vrai cadeau du ciel, ne perdez pas ce qui vous est donné. Prenez soin de vous et de votre amour.

Ne détruisez pas ce sentiment fragile, rare et formidable qui vous est destiné.

Le meilleur moyen est de ne pas être déçu - n'attendez rien de personne.

Si deux personnes sont unies ensemble par leurs âmes, elles sont déjà inséparables.

Même si leur corps, sont éloignés l'un de l'autre, leurs âmes sont toujours ensemble.

Когда мои руки не могут обнять того, кто в моём сердце, я всегда обнимаю его своими молитвами.

Мы выбираем только одного и никто другой не нужен как родных руках с дерзкой ласки.

Когда мы уже скажем друг другу все нежные слова, какие только можем, и на все возможные темы поговорим.

Когда не будем эгоистами, а будем терпимее друг к другу мы будем вместе, несмотря ни на что, невзирая ни на какие последствия.

Это каждый мужчина и женщина в жизни, запоминают то что глубоко и надолго проникает в душу, помнят больше всего искреннюю любовь, которая бывает раз в жизни.

И мы с тобой понимаем, что снова такие чувства ни с кем другим уже не получится.

Чтобы чувствовать себя счастливыми, нам довольно быть с теми, кого мы любим.

Я уже тебе сердце отдал.

Ничего не прошу взамен.

Любовь не требует, не нуждается, чтобы ей давали! Она сама отдает! И живет она только потому, что отдает!

Quand mes mains ne peuvent pas embrasser celui qui est dans mon cœur, je l'embrasse toujours avec mes prières.

Nous n'en choisissons qu'un seul et personne d'autre n'est nécessaire que des mains familières avec des caresses audacieuses.

Quand déjà, nous, nous dirons l'un à l'autre des mots tendres, ceux que nous pouvons, et parlerons dans tous les thèmes possibles.

Quand, nous ne serons pas égoïstes, et serons mutuellement tolérants, nous serons ensemble, et peu importe les conséquences.

Chaque homme et femme dans la vie, se souviennent de ce qui pénètre profondément et en permanence dans l'âme, et pardessus-tout de l'amour sincère, qui se produit une fois dans sa vie.

Et toi et moi comprenons que de tels sentiments avec quelqu'un d'autre ne fonctionneront pas à nouveau

Pour nous sentir heureux, il nous suffit d'être avec ceux que nous aimons.

Je t'ai déjà donné mon cœur.

Je ne demande rien en retour.

L'amour n'exige pas, il n'a pas besoin qu'on lui donne ! L'amour se donne lui-même ! Il vit seulement parce qu'il se donne !

Пусть всегда твои губы ласкают мне душу.

Моё сердце бьётся только для тебя.

Всем сердцем, душой обнимаю тебя.

Я не могу уйти из твоей души.

Я хотел много раз, но не могу...Это сильнее меня.

Поэтому я буду с тобой наверное всегда.

И не важно далеко или близко.

Ты меня всегда будешь чувствовать.

Даже если мы далеко друг от друга.

Как я хочу к тебе сейчас, любимая!

Почувствовать с тобой как наша нежность льётся, как сердце страстно бьётся!

С нежностью потрогать бы своей рукой.

Губами нежно прикоснуться и тёплой души своим сердцем коснуться.

Ты так глубоко во мне душе и сердце.

Que tes lèvres caressent toujours mon âme.

Mon cœur ne bat que pour toi.

De tout mon cœur, de l'âme je prends soin de toi.

Je ne peux pas m'éloigner de ton âme.

J'ai voulu plusieurs fois, mais je ne peux pas. C'est plus fort que moi.

Paracerque je serais probablement avec toi toujours.
Et il n'est pas important d'être loin ou près.

Tu me sentiras toujours.

Déjà même si nous sommes loin l'un de l'autre.

Combien je te veux, mon amoureuse !

Sentir avec toi comment notre tendresse afflue, comment bat le cœur avec passion !

Avec tendresse te toucher avec ma main.

Toucher seulement doucement avec les lèvres et avec la chaleur de mon âme toucher ton cœur.

Tu es si profondément dans mon âme et dans mon cœur.

Если будешь искать меня в тишине, найдешь всю любовь, которую я испытываю к тебе.

Такое чувство, будто я люблю тебя всю жизнь!

Хочу лишь с тобой рядом быть.

Для тебя я свою душу готов отдать!

Мне хочется быть с тобой нежным и ласковым.

Ты давно в моём сердце, со мною,

Я никогда не забуду хорошего отношения к себе.

Плохое можно простить и выкинуть.

А хорошее всегда будет греть душу через года.

Даже если что-то пойдет не так, я никогда не забуду того, кто был со мной в трудные минуты.

Я и не знал сколько нежности во мне, пока не встретил тебя.

Я не умею без тебя дышать.
Моё Сердце с тобой только дышит.
Я не умею без тебя дышать, слышишь?

Я не умею без тебя дышать!

Si tu me cherches en silence, tu trouveras tout l'amour que je ressens pour toi.

Ce sentiment que je t'aime pour la vie !

Je veux être juste à côté de toi.

Je suis prêt à te donner mon âme !

Je voudrais être avec toi et tendre et caressant.

Tu es depuis longtemps avec moi, dans mon cœur.

Je n'oublierai jamais nos bonnes relations avec toi.

Le mauvais peut être pardonné et rejeté.

Et le bon chauffera toujours l'âme après chaque année.

Même si quelque chose ne va pas, je n'oublierai jamais la personne qui était avec moi dans des minutes difficiles.

Je ne savais pas combien il y avait de tendresse en moi avant de te rencontrer.

Je ne peux pas respirer sans toi.
Mon cœur respire seulement avec toi.
Je ne peux pas respirer sans toi, entends-tu ?
Je ne peux pas respirer sans toi !

Забавно, что со временем мы романтизируем хорошее и забываем плохое!

Будем надеяться, этот побочный эффект со временем исчезнет.

Я и не знал сколько нежности во мне, пока не встретил тебя.

Поцелуй горчит.

Лучше уж не знать.

Всегда буду тебя любить и страстно желать.

Твоя душа, твой внутренний мир значат для меня очень много.

Я хочу целовать и обнимать тебя, видеть тебя каждый день.

Любить тебя до слёз.

Для меня Ты - Родная Душа!

Я люблю тебя каждой клеточкой своей души!

Я жду тебя.

Я скучаю по тебе.

Comme il est drôle qu'avec le temps on romantise en bien et on oublie le mauvais !

Nous espérons que les effets secondaires disparaitront avec le temps.

Je ne savais pas combien il avait de tendresse en moi avant de te rencontrer !

Baiser amer.

Il vaut mieux ne pas savoir.

Je vais t'aimer pour toujours avec un désir passionnel.

Ton âme, ton monde intérieur, cela signifie beaucoup pour moi.

Je veux t'embrasser et prendre soin de toi, te voir chaque jour.

T'aimer jusqu'aux larmes.

Pour moi tu es mon âme sœur !

Je t'aime avec chaque cellule de mon âme. !

Je t'attends.

Tu me manques !

Любовь моя!

Сколько нежности у меня к тебе, когда ты губами касаешься моего сердца и моей души.

Это так приятно чувствовать.

Я так хочу подарить тебе тепло своей души.

Смотреть в твои глаза с улыбкой и нежностью.

Ты частичка моего сердца.

Такая нежная и приятная частичка.

Знаешь, сейчас, так хочется прижаться к тебе нежно и почувствовать твое тепло.

Так многое хочется тебе сказаь и так много всего с тобой вместе.

Стать твоими слезами чтобы рождаться в твоих глазах и умрать на твоих губах

Второй момент, который для меня был открытием.

Я приду к тебе.

Даже не прикасаясь друг к другу, можно чувствовать тепло от близости того человека, которым полны все твои мысли.

Я жду исполнения желаний.

Mon amour !

Combien il y a de tendresse en moi à ton égard, quand tes lèvres touchent mon cœur et mon âme.

Comme il est plaisant de le ressentir.

Je veux te donner la chaleur de mon âme.

Regarder dans tes yeux sourire et tendresse.

Tu es une partie de mon cœur.
Cette tendre et agréable partie.

Tu sais, maintenant, j'aimerais tellement te câliner doucement et sentir ta chaleur.
J'ai envie de te dire tant de choses et faire tant de choses avec toi ensemble.

Devenir tes larmes qui naissent dans tes yeux et viennent mourir sur tes lèvres.

Le second moment fut pour moi une grande découverte.
Je viens à toi

Même sans contact mutuel, il est possible de ressentir la chaleur intime d'une personne vers qui vont la totalité de tes pensées.

J'attends l'accomplissement de nos désirs.

Я всё же надеюсь, что однажды наступит тот счастливый день, когда наши с тобой пути пересекутся, сливаясь в одну сплошную линию жизни.

И мы увидим, и мы узнаем друг друга по глазам, в которых будет светиться одно на двоих желание - крепко обняться сердцами.

И больше никогда и ни за что не расставаться.

Думаю, вспоминаю, мечтаю, хочу, каждый день тебя и с тобой.

Я хочу быть всегда с тобой в душе и в жизни.

Я хочу чтобы наши пути однажды пересеклись и уже никогда не расставаться, даже на миг.

Ты часть моей души, которая спасает меня в самые тяжелые минуты этой несправедливой жизни.

Я хочу, чтобы ты всегда была рядом, хочу забирать всю твою грусть и дарить тебе радость.

Ты моя!

Какое красивое слово!

Кажется, вся моя любовь к тебе в этом слове, будь моей и будь со мной всегда.

Je continue d'espérer qu'un jour arrivera, ce jour heureux, quand nos chemins se croiseront avec toi, fusionneront en une seule ligne continue de vie.

Et nous verrons et nous saurons mutuellement, dans les yeux, une incandescence de désirs mutuels pour deux, embrasera étroitement nos cœurs.

Et plus jamais, nous ne nous séparerons plus.

Je pense, je me souviens, je rêve, je veux, tous les jours avec toi.

Je veux toujours être avec toi dans l'âme et dans la vie.

Je veux aussi que nos chemins se croisent une fois et ne se séparent jamais, même pour un moment.

Tu fais partie de mon âme, qui me sauve dans les moments les plus difficiles de cette vie injuste.

Je veux que tu sois toujours là, je veux enlever toute ta tristesse et te donner de la joie.

Tu es mienne !

Quel mot magnifique !

Je voudrais que tout mon amour pour toi soit dans ce mot, sois mienne et sois avec moi pour toujours.

У каждого есть друг по переписке, живущий далеко, но он знает больше, чем те, кто близко.

Говорим об этом потому что совпали во всем, нам легко вместе, у нас с тобой общие интересы и планы, в близости у нас с тобой все идеально, мы с тобой честны в наших отношениях.

Часто люди говорят друг другу, береги себя.

А мне хочется сказать тебе, что хочется беречь тебя, делиться с тобой добром и теплотой души.

Правда, спасибо, что ты есть.

Наверное я так чувствую тебя.

Знаешь, столько всего во мне сейчас, что сложно высказать словами.

Очень глубоко.

Во мне чувства и нежность, боль и желание, тепло и спонтанность.

И ещё много всего, я понимаю тебя.

Ты так же глубоко можешь чувствовать.

Твоя душа тоже чувственна и ранима.

Chacun détient un ami qui vit loin mais qui sait proche plus que les plus proches.

Nous parlons de cela parce nous coïncidons en tout, pour nous c'est facile ensemble, nous avons avec toi des intérêts communs et des projets, c'est idéal avec toi dans l'intimité. Nous sommes honnêtes avec toi dans nos relations.

Souvent, les gens disent les uns aux autres, prenez soin de vous.

Et je voudrais te dire que je veux te protéger, pour partager avec toi la douceur et la chaleur de mon âme.

Vraiment, merci pour ce que tu es.

Probablement je te ressens ainsi.

Tu sais combien il y a de choses en moi, maintenant, il est difficile de l'exprimer par des mots.

Très profond.

En moi il y a ce sentiment de tendresse, douleur, désir, chaleur et spontanéité.

Et, bien plus encore, je te comprends.

Tu peux aussi ressentir cela profondément.

Ton âme qui est aussi sensuelle et vulnérable.

Странные создания люди- ищут, ждут.

А ведь все исходит от них, изнутри.

Это то, чего мы все хотим, и ищем иногда всю жизнь.

Своего человека похож на тебя, нет, не внешне, а внутренним миром такой родной с первой секунды, с первого слова.

Знать, что ты не одинок, чувствовать человека каждой клеточкой тела.

Отдавать тепло и ласку до последней капли, и знать что чаша этих чувств никогда не опустошится.

Дарить нежность, наполнять собой кого-то касаться чьей то ранимой души.

Это какая-то невероятная внутренняя связь.

Какая-то часть твоего сердца всегда будет принадлежать только мне.

Я хочу дарить тебе тихую нежность.

Целовать так, будто стираются грани между душой и телом.

Обнимать так крепко, будто боишься потерять.

Personnes étranges créatures, cherchent, attendent.

Tout vient d'eux de l'intérieur.

C'est ce que nous voulons et que nous recherchons toute une vie.

Ta personne, identique à toi, pas par l'apparence, mais par son monde intérieur, il sera proche dès la première seconde le premier mot.

Savoir que tu n'es pas seul, sentir une personne au travers de chaque cellule de son corps.

Donner de la chaleur et caresses jusqu'à la dernière goute, et savoir que ces sentiments jamais ne seront dévastés.

C'est une sorte de connexion intérieure incroyable.

Donner de la tendresse, se remplir soi-même de quelqu'un dont l'âme vulnérable nous touche.

Une certaine partie de ton cœur n'appartiendra pour toujours qu'à moi.

Je veux te donner une douce tendresse.

T'embrasser comme s'il n'y avait pas de séparation entre l'âme et le corps.

T'embrasser si fermement comme si je devais te perdre.

Я всё больше и больше убеждаюсь-взгляд - это какой-то особый дар.

Достаточно его одного.

Люблю эти глаза.

Люблю свет твоих ясных глаз, улыбку.

Ты далеко, я скучаю по тебе.

Я мечтал всю свою жизнь тонуть в твоих глазах.

Это как дышать.

Касаюсь глаз твоих и губ и просто не могу остановиться.

Я так люблю тебя, что даже сказать об этом сложно, потому что нет подходящих слов.

Я люблю тебя, твои глаза, твои слова, твои сладкие губы, твои мысли.

Мне не хватает твоих рук, которые ласкают меня, мне не хватает твоих глаз.

Я люблю твою улыбку.

Ты так красиво улыбаешься, словно луч солнца играет на твоем лице. Я живу.

Самое большое счастье - это просто быть рядом с тобой.

Если бы ты знала как мне приятно когда губы горячие страстно целуют.

Я хочу тебя, так же знаешь своим огнем.

Твои глаза немного загорелись и мне приятно.

Я давно увлеклась тобой каким то магнитом тянет к тебе.

Меня странным образом тянет к тебе.

Люблю все то, что даришь мне, и крепко-крепко целовать.

Губы нежно тебя целовали.

Губами скользя от желанья когда закроешь ты глаза в любое время дня и ночи.

От страсти я сгораю к тебе!

Je suis de plus en plus convaincu, que le regard est un cadeau spécial.

Quand il vient d'une personne unique.

J'aime ces yeux.

J'aime la couleur de tes yeux brillants, ton sourire.

Tu es loin, je m'ennuie sans toi.

J'ai rêvé toute ma vie de me noyer dans tes yeux.

C'est comme respirer.

Je touche tes yeux avec mes lèvres et ne peux pas m'arrêter.

Je t'aime, tant il m'est difficile de le dire car il n'y a pas de mots appropriés.

Je t'aime, tes yeux, tes paroles, tes lèvres douces, tes pensées.

Il me manque tes mains pour me caresser, il me manque tes yeux.

Et j'aime ton sourire.

Tu as un si beau sourire, comme si un rayon de soleil jouait sur ton visage, je vis.

Le plus grand bonheur c'est d'être simplement près de toi.

Si tu savais comme cela me plait quand les lèvres embrassent chaudement avec passion.

Je te veux, comme tu sais avec ma flamme.

Tes yeux brulent un peu et cela me plait.

Depuis longtemps je me suis laissé emporter vers toi comme attiré par toi comme un aimant.

Je suis étrangement attire par toi.

J'aime tout ce que tu me donnes, et étroitement, étroitement t'embrasser.

Mes lèvres t'ont tendrement embrassée.

Mes lèvres glissent de désir quand tu fermes les yeux durant les moments de l'amour jour et nuit.

Je brûle de passion pour toi !

Любовь для меня это серьезное предприятие.

Любовь проверяется временем.

Какой же у нас с тобой красивый долгий роман, любовь и нежность и такое сильное притяжение долгие годы, я не представляю без тебя мою жизнь, мы уже так долго, это трудно на расстоянии и все равно быть вместе, но мы хотим быть ближе, и сойдутся у края вечност и две души,всё уже испытавшие, друг друга всё же нашедшие.

Когда первая страсть проходит и остаётся уважение, нежность, уверенность, надёжность в отношениях.

Любящая женщина - лучший Ангел - хранитель для мужчины.

Ты будешь со мной всегда в любом случае из своей души я тебя не отпущу никогда и ты это будешь чувствовать.

Если будет суждено то конечно мы будем вместе и до конца.

Чтоб узнать, где живет твое сердце, обрати внимание, где бродит твой ум в минуты мечтаний.

Моя душа тянется к тебе.

Если мы действительно две половинки, и мы потеряем друг друга, мы оба проиграем жизни.

Я думаю, если мы должны быть вместе, если на то есть воля Бога, мы будем вместе, не смотря ни на какие препятствия и обстоятельства.

L'Amour pour moi est une affaire importante qui doit survivre.

L'amour se vérifie avec le temps.

Quelle belle longue romance nous avons avec toi, amour et tendresse et une telle attraction pendant de nombreuses années, je ne peux pas imaginer ma vie sans toi, nous sommes depuis si longtemps par la difficulté de la distance mais tout de même ensemble, mais nous désirons être plus proches, et deux âmes convergeront au bord de l'éternité, l'une l'autre se sont déjà cherchées.

Quand la première passion s'en va, et qu'il reste le respect, la tendresse, la fidélité et des espoirs dans les relations.

Une femme amoureuse est le meilleur ange gardien pour un homme.

Tu seras toujours avec moi, en tout cas dans mon âme, je ne te laisserai jamais partir et tu le sentiras.

S'il est destiné, alors bien sûr nous serons ensemble et à la fin.

Pour savoir où vit ton cœur, prête attention à l'endroit où ton esprit vagabonde dans les minutes de tes rêves.

Mon âme est attirée par toi.

Si nous sommes vraiment deux moitiés, et nous nous perdons l'un et l'autre, nous perdrons de nouveau la vie.

Je pense que si nous devrions être ensemble, parce que c'est la volonté de Dieu, nous serons ensemble, peu importe les obstacles et les circonstances.

О Боже мой, когда душа с душою говорит о любви, ты не знаешь, как мне эти слова важны, для моей души и сердца.

Целуй меня крепче, это Божье благословенье.

Ты мне нужна больше жизни, знай.

В глазах твоих душа моя.

Лишь твоим дыханьем я дышу, лишь твоею жизнью я живу.

Если ты со мной- жива моя душа, а мое сердце уже давно твое.

У меня большое сердце и в нем всегда хватит места тем, кого я люблю.

Мы с тобой встретились случайно.

Но случайностей на свете не бывает.

Пусть сердце каждого услышит друг друга.

Твои глаза, как зеркало души.

Нежно целую глазки и слушаю твою душу.

Oh mon Dieu, quand l'âme parle d'amour avec l'âme, tu ne sais pas comment ces mots sont importants pour moi, pour mon âme et mon cœur.

Embrasse-moi très serré, ceci est une Bénédiction de Dieu.

J'ai besoin de toi plus que de ma propre vie, sache-le.

Dans tes yeux il y a mon âme.

Je respire avec le souffle de ta respiration, je vis seulement dans ta vie.

Si tu es avec moi mon âme vit, et mon cœur est tien depuis longtemps.

J'ai un grand cœur et il y a toujours assez de place pour ceux que j'aime.

Toi et moi nous sommes rencontrés par hasard.

Mais le hasard dans la vie n'existe pas.

Que Maintenant le cœur de chacun s'entende réciproquement.

Tes yeux sont comme un miroir de l'âme.

J'embrasse tes yeux doux et j'écoute ton âme.

Влечение невозможно контролировать.

В конце концов, между двумя людьми нет ничего важнее, кроме желания быть вместе.

Глубокая любовь долгая непроходящая уже много лет.

Но когда Бог дает тебе человека с открытым сердцем, красивой сказке ты не верь.

Любовь это настоящий подарок жизни.

Мы ищем человека с которым смогли бы жить, а находим человека, без которого жить не можем.

L'attraction est impossible à contrôler. En fin de compte, entre deux personnes, il n'y a rien de plus important que le désir d'être ensemble !

L'amour profond perdure longtemps de longues années.

Mais quand Dieu te donne une personne avec un cœur ouvert, tu ne crois pas à une belle histoire.

L'amour est un véritable cadeau de la vie.

Nous recherchons une personne avec qui serait possible de vivre et trouvons une personne sans laquelle nous ne pouvons pas vivre.

Я дорожу каждым твоим взглядом, каждым словом, каждой эмоцией.

Ты просто в моем сердце, моё сердце живет только тобой.

Потому что без тебя моего мира не существует.

Я дышу с тобой, ты вернула меня к жизни.

Просто настолько сильные эмоции.

Очень много эмоций.

Ты - моя нежность.

Каждый шрам на душе делает тебя сильнее.

Я думаю, всю мою жизнь я ждал тебя.

Там, где ты - все мои мечты.

О тебе всю жизнь мечтал.

Я ждал тебя всю свою жизнь.

Я мечтал о любви, которая изменит всю мою жизнь.

Мы две половинки одного сердца.

Je chéris chacun de tes regards, chaque mot, chaque émotion.

Tu es simplement dans mon cœur. Mon cœur ne vit que pour toi.

Par ce que sans toi mon monde n'existe pas.

Je respire avec toi, tu me ramènes à la vie.

Seulement combien de si fortes émotions.

Beaucoup d'émotion.

Tu es ma tendresse.

Chaque cicatrice à l'âme, te rend plus fort.

Je pense t'avoir attendue toute ma vie.

Mes rêves se situent là où tu te trouves.

J'ai rêvé de toi toute ma vie.

Je t'ai attendue toute ma vie.

Je rêvais d'un amour qui a changerait toute ma vie.

Nous sommes deux moitiés d'un même cœur.

Я тону в твоих глазах, тихо- тихо сердце так стучит.

Сердце хочет любить сердце просит Любви.

Я не знаю, что ты думаешь о будущем.

Я тоже ничего не знаю о будущем.

С годами становишься мудрее и ценишь только самое важное и настоящее, а другого и не должно быть.

Большая часть моей жизни проходит и не хочется ошибаться, о чем то сожалеть и быть обманутой, хочется душевности доброты и настоящих взаимный чувств.

Я знаю о чем ты думаешь, прямо сейчас я думаю о том же.

Ты согреваешь мне душу.

Эточувство для совершенно необъяснимо.

Если два человека привяжутся друг к другу душами, они уже неразделимы, даже, если их тела далеко друг от друга их души всегда вместе, не смотря ни на что.

Чувства подвластны сердцу, разум подвластен твоим чувствам к мне.

Je me noie dans tes yeux, doucement-doucement le cœur bat.

Le cœur veut aimer, le cœur demande l'amour.

Je ne sais pas ce que tu penses du futur.

Moi aussi je ne sais rien du futur.

Avec les années tu deviens plus sage et tu apprécies seulement le plus important et véritable, rien d'autre ne doit pas être.

Une grande partie de ma vie s'est déroulée et je ne voudrais pas me tromper, ne rien regretter pour ne m'être pas trompé, je voudrais de la tendresse, de la douceur et des sentiments mutuels sincères.

Je sais ce que tu penses en ce moment, désormais je pense à toi à l'identique.

Tu me réchauffes l'âme.

Ce sentiment est totalement inexplicable.

Si deux personnes s'attachent l'une à l'autre avec une âme, elles sont déjà inséparables, même si leurs corps sont éloignés les uns des autres, leurs âmes demeurent toujours ensemble quoi qu'il arrive.

Les sentiments sont soumis au cœur, l'esprit est soumis à tes sentiments pour moi.

Я дышу с тобой одним дыханьем.

Легко обмануть глаза, но трудно обмануть сердце, нет в твоем.

Мне не хватает воздуха, когда тебя долго нет рядом.

В сердце моем бьется имя твое.

Всё, что мне надо.

Идеальных людей не бывает, но есть люди, способные полюбить ваши недостатки, это ты со мной

Нет идеальных людей, есть люди идеально подходящие друг другу.

В общем, если ты найдешь кого-то, с кем ты будешь счастлив просто сидеть и держать за руку, то всё остальное уже неважно.

Ты моя самая большая радость в жизни.

Жизнь имеет смысл только тогда, когда ты живёшь ради кого-то кроме себя.

Je respire avec toi comme en un seul souffle.

Il est facile de tromper l'œil, mais il est difficile de tromper le cœur, pas le tien.

Je n'ai pas assez d'air quand pour longtemps tu n'es pas à côté de moi.

Dans mon cœur bat ton nom.

Et c'est tout ce dont j'ai besoin.

Les personnes idéales existent pas, mais il y a des gens qui sont capables d'aimer vos défauts, c'est toi avec moi.

Personne n'est parfait, il y a seulement des gens parfaitement adaptés les uns aux autres.

En général, si vous trouvez quelqu'un avec qui tu seras heureux de juste s'asseoir et tenir sa main, tout le reste n'a pas d'importance.

Tu es la plus grande joie dans ma vie.

La vie n'a de sens que seulement si tu vis heureux quand tu es toi-même.

Любимых чувствуют душой.

Я хочу только тебя, подари мне себя.

Я чувствую тебя во мне и знаю частичка тебя живет во мне и это счастье что у нас с тобой такие нежные чувтсва.

Спасибо, что ты есть и ты мне так много подарила того, что останется глубоко в моей душе навсегда.

Мы с тобой о многом думаем одинаково, когда любишь по-настоящему, быть верным это большое счастье.

Потому что все, что ты делаешь, состоит из любви и для любви.

Закрой глаза, некоторые вещи можно почувствовать только сердцем.

Les amoureux ressentent l'âme.

Je te veux seulement toi, que tu me donnes toi-même.

Je te sens en moi, et sais qu'une partie de toi vit en moi et de tels tendres sentiments sont un bonheur pour nous.

Merci d'être là pour moi, tu m'as tellement donné que cela restera au fond de mon âme pour toujours.

Nous pensons de la même manière avec toi, à bien des égards. Quand tu aimes vraiment, être fidèle est un grand bonheur.

Parce que tout ce que tu fais est constitué d'amour et pour l'amour.

Ferme les yeux, tu ne peux sentir certaines choses qu'avec le cœur.

Влюбленность, увлечение человеком не может стать любовью по-настоящему, пока ты не взял на себя ответственность за другого человека.

Любовь выбирает лучшее в партнере, его возможную стойкость, верность, ответственность и стремится к этим качествам, то есть надеется, Любовь требует близости и доверия, открытости и искренности.

Этот высочайший стандарт любви требует погружения в любимого человека на протяжении всей жизни, не бывает такой любви без самоотверженности.

Всякая добродетель приобретается не вдруг, а постепенно и с трудом и понуждением.

Человек создан Богом по Его образу и подобию, для спасения своей души.

Именно святая непорочная православная вера – то величайшее чудо, за которое мы должны постоянно благодарить Господа и дорожить им как величайшим сокровищем.

Дай, Господи, нам чистоту мыслей такую, чтобы видеть в каждом человеке образ и подобие Божие, красоту божественную видеть и радоваться этой красоте.

Être amoureux, être passionné par une personne, ne peut vraiment devenir amour, que si vous avez pris la responsabilité d'une autre personne.

L'amour choisit le meilleur d'un partenaire, sa résilience, sa loyauté, sa responsabilité et recherche ces qualités, c'est-à-dire ces attentes, l'amour exige de l'intimité et de la confiance, de l'ouverture et de la sincérité.

Ce haut niveau d'amour requiert l'immersion dans un être cher tout au long de la vie, il n'y a pas un tel amour sans altruisme.

Chaque vertu est acquise non pas soudainement, mais progressivement et avec difficulté et contrainte.

L'homme est créé par Dieu à son image et à sa ressemblance, pour le salut de son âme.

C'est la foi orthodoxe sainte et sans tache qui est le plus grand miracle pour lequel nous devons constamment remercier le Seigneur et le chérir comme le plus grand trésor.

Donne- nous Seigneur, la pureté des pensées telles que nous puissions voir en chaque personne l'image et la ressemblance de Dieu, la beauté du Divin, pour voir et nous réjouir de cette beauté.

Ты глубже стала все чувствовать, и наверное я согрел тебя своей нежностью душевностью.

Человек никогда не бывает так несчастен, как ему кажется, или счастлив, как ему хочется, но ты и я, это были чудесные дни проведенные рядом с тобой, мы коснулись друг друга, влюбились, смешались, слились, это то душевное и такое редкое, что я особенно ценю в жизни, спасибо.

Я тебе хочу сказать, спасибо что ты у меня есть, что я так много всего получаю от тебя для своей души, нет слов для выражения моей глубокой любви — с каждым днем все глубже.

Tu as commencé à tout ressentir plus profondément, et je suppose que je t'ai réchauffée de ma tendresse avec l'âme.

Une personne n'est jamais aussi malheureuse qu'elle le pense, ni aussi heureuse qu'elle ne le souhaite, mais toi et moi, ce furent des jours merveilleux passés à côté de toi, nous nous sommes touchés l'un l'autre, étions amoureux, mélangés, fusionnés, c'est tellement spirituel et si rare, que je l'apprécie tout particulièrement dans la vie, merci.

Je tiens à te dire, merci d'être là pour moi, j'ai tellement obtenu de toi pour mon âme, il n'y a pas de mots pour exprimer mon profond amour, chaque jour tout est plus profond.

Пусть маленькие радости делают приятным каждый день, а приятные дни складываются в счастливую жизнь!

Люди сами решают, насколько далеко им быть друг от друга.

Километры ни при чём.

Несколько кусочков складываются в большее целое, когда человек становится по-настоящему важным для тебя, ты начинаешь полностью ощущать его взгляд, эмоции, голос, настроение, аромат души — особая сила, до последней капельки.

Только родная душа может понять, что у тебя внутри. Родная душа - это тот, у кого есть ключи от наших замков, родственные души дополняют друг друга.

Que les petites joies rendent agréable chaque jour et que les jours agréables forment une vie heureuse !

Les personnes décident de la distance qui les sépare l'une de l'autre.

Les kilomètres n'ont rien à voir avec cela.

Plusieurs morceaux forment un tout, quand une personne devient vraiment importante pour toi, tu commences à ressentir pleinement son regard, ses émotions, sa voix, son humeur, le parfum de l'âme a un pouvoir spécial, jusqu'à la dernière goutte.

Seule une âme sœur peut comprendre ce qui est à l'intérieur de toi. Une âme sœur est quelqu'un qui a les clés de nos serrures, les âmes sœurs se complètent l'une l'autre.

Уже столько времени тебя знаю.

Все время чувствую сильную твою энергетику, и дет свет и тепло от Тебя.

Я буду любить тебя долго, я буду держать тебя до тех пор пока я жив.

Я буду с тобой до тех пор, пока жив, для меня все что было с тобой останется в светлой памяти моей души и моих чувств.

Я люблю ласкать тебя, я люблю дышать ароматом твоей кожи и твоего тела, я люблю чувствовать когда мы с тобой целуемся, я люблю тебя и все что у меня есть с тобой.

Я так люблю держать тебя за руку, и никогда не отпускать, я ценю все мгновения проведенные рядом с тобой, вспоминаю, бережно храню в своей душе и в сердце.

Это опыт, который невозможно забыть.

Он остается с человеком навсегда.

Посвящаю тебе каждый удар моего сердца, каждое дыхание.

Чувствуешь мой ритм сердца?

Он так похож на твой.

Je te connais déjà depuis longtemps.

Je ressens tout le temps ta force, ton énergie, il y a de la lumière et de la chaleur en toi.

Je vais t'aimer longtemps, je te garderai aussi longtemps que je vivrai.

Je serai avec toi aussi longtemps que je vivrai, tout ce qui t'est arrivé restera le plus brillant souvenir de mon âme, et de mes sentiments.

J'aime te caresser, j'aime respirer l'odeur de ta peau et de ton corps, j'aime ressentir lorsque nous nous embrassons avec toi, je t'aime et tout ce que j'ai avec toi.

J'adore te tenir la main, et ne jamais la lâcher, j'apprécie tous les moments passés à côté de toi, je me souviens, je les garde soigneusement dans mon cœur et dans mon âme.

C'est une expérience qui ne peut pas être oubliée.

Elle reste dans la personne pour toujours.

Je te dédie chaque battement de mon cœur, chaque souffle.

Ressens-tu le rythme de ton cœur ?

Il est si identique au mien.

Мы очень нежная любящая пара.

Я могу сейчас говорить что мы с тобой пара, так-как в эту встречу все случилось, как мы хотели с тобой, и мы были как муж и жена.

Мы отдали друг другу все, что было возможно за дни проведенные вместе, ты со мной в моем сердце и мыслях.

Сейчас ты в моей душе и мысли о тебя и сердце стучит, когда говорю с тобой и пишу тебе. Сердце колотится, мысли скачут

Каждый раз мы будем еще ближе друг другу

Хочется быть еще ближе, как это нежно быть рядом с человеком и чувствовать его душой.

Nous sommes un couple tendre et amoureux.

Je peux maintenant dire que nous sommes un couple, tellement lors de cette réunion, tout s'est passé comme nous le souhaitions avec toi et nous étions comme mari et femme.

Nous nous sommes donnés, tout ce qu'il était possible ces jours passés ensemble, tu es avec moi dans mon cœur et mes pensées !

Maintenant tu es dans mon âme et les pensées portent sur toi et le cœur bat lorsque je te parle et que je t'écris. Mon cœur bat la chamade, mes pensées s'emballent.

À chaque fois, nous serons encore plus proches l'un de l'autre.

Je souhaiterais être encore plus proche, comme il est doux d'être proche d'une personne et de sentir son âme.

Я еще не знаю на какие чувства мы с тобой способны, но я знаю, что так у тебя и у меня в первый раз в жизни.

Мне нравится вместе с тобой погружаться в глубину этих чувств, с каждый раз более сильные и глубокие чувства.

Человеку нужен другой человек, который будет любить его без остатка, каждый человек по своему уникален, сердце просит нежности и ласки.

Может нам не хватило любви, нежности, теплоты или поддержки в прошлом.

Настоящие возможности лежат там, где их никто не видит.

Я теплом твоих глаз согреваюсь, ты самый лучший человек во всём мире.

Я засыпаю с мыслью о тебе, как будто ты лежишь со мною рядом, каждую ночь мысли о тебе, любая мысль о тебе поднимает мое настроение.

Мне приятно думать о тебе, посвящая каждые моменты мыслей.

Я рад, что подарил тебе немного счастья в твою жизнь и доброты и нежности в твою душу.

Je ne sais toujours pas de quel genre de sentiments nous sommes capables, mais je sais que comme cela est pour toi et pour moi, c'est pour la première fois de notre vie.

J'aime avec toi, plonger dans les profondeurs de ces sentiments, avec chaque fois des sentiments plus forts et plus profonds.

Une personne a besoin d'une autre personne qui l'aimera sans réserve, chaque personne est unique, le cœur demande de la tendresse et affection.

Peut-être n'avions-nous pas assez d'amour, de tendresse, de chaleur ou de soutien dans le passé.

Les vraies opportunités se trouvent, là où personne ne les voit.

Je me réchauffe à la chaleur de tes yeux, tu es la meilleure personne dans ce monde.

Je m'endors en pensant à toi, comme si tu étais allongée à côté de moi, chaque nuit mes pensées vont vers toi, toute pensée à ton sujet me remonte le moral.

Je suis heureux de penser à toi, et de te consacrer chaque instant de mes pensées.

Je suis content de t'avoir donné un peu de bonheur dans ta vie, de la gentillesse et de la tendresse dans ton âme.

Обнимаю я тебя и целую в щечку.

Читать в глазах твоих все мысли, хочу, чтоб ты любил меня.

Обнимаю я тебя и целую в щечку.

Теперь ты просто знаешь, почему.

Каждое тело может дать удовольствие, но не каждое плечо даёт спокойствие.

Теперь начинаешь находить ответы на те вопросы, на которые раньше ответить не мог, будто рядом с тобой душа, и может через всю свою жизнь пронести эту любовь.

Думаю эта любовь настоящая и единственная, поэтому навсегда останется с нами.

Она остаётся с нами, как волшебный подарок небес.

Любовь — это жажда цельности.

Если мужчина любит осознанно, то он может любить одну вечно.

Невидимою нитью сплетены, моя душа с твоей душой навек, моя душа к твоей стремится, твоей душой соеденится, нежный шепот твоей души.

Захотелось тебе написать, с тобой мы друг для друга рождены.

Мне ужны твои чувства. Наверное, в тот момент и ты услышал меня. Наверное, это некий шепот души.

Когда Родные души узнают друг друга они чувствуют мгновенный.

Je t'étreins et t'embrasse sur la joue.

Pour lire toutes les pensées dans tes yeux, je veux que tu m'aimes.

Je t'étreins et t'embrasse sur la joue.

Maintenant tu sais pourquoi.

Chaque corps peut donner du plaisir, mais chaque épaule ne procure pas la tranquillité de l'esprit.

Tu commences maintenant à trouver des réponses aux questions auxquelles tu ne pouvais pas répondre plus tôt, comme si tu avais une âme à côté de toi, et portais cet amour tout au long de la vie.

Je pense que cet amour est réel et unique, car il reste toujours avec nous.

Il reste avec nous, comme un cadeau magique du ciel.

L'amour est une soif de plénitude.

Si un homme aime consciemment, il peut n'en aimer qu'une un pour toujours.

Le fil invisible est tissé par mon âme avec ton âme pour toujours, mon âme cherche la tienne, elle connectera à ton âme, le doux murmure de ton âme

Je souhaitais t'écrire, qu'avec toi, nous sommes nés l'un pour l'autre,

J'ai besoin de tes sentiments. Probablement à ce moment-là tu m'as entendu. C'est probablement une sorte de murmure de l'âme.

Quand les âmes sœurs se reconnaissent, elles le ressentent instantanément.

Так прекрасно чувствовать, что в тебе кто-то нуждается, кто-то скучает по тебе и кто-то хочет видеть тебя каждый день.

Кто-то хочет засыпать и просыпаться с тобой, целовать и обнимать тебя.

И это - самое замечательное, что может быть в жизни.

В отношениях полов обеим сторонам нужно быть невероятно деликатным.

Ты делаешь все для этого человека, хочется постоянно быть с ним рядом.

Любви и счастья порознь не бывает.

Счастья не бывает без любви, а любви не бывает без счастья.

C'est si bon de sentir que quelqu'un a besoin de vous, que quelqu'un vous manque et que quelqu'un veut vous voir tous les jours.

Quelqu'un qui veut s'endormir et se réveiller avec toi, t'embrasser et t'étreindre.

Et c'est la chose la plus merveilleuse que l'on puisse avoir dans la vie.

Dans les relations entre les sexes, les deux parties doivent être extrêmement sensibles.

Tu fais tout pour cette personne, tu veux être avec elle en permanence.

L'amour et le bonheur ne se produisent pas séparément. Le bonheur n'est pas sans amour, et l'amour n'est pas sans le bonheur.

Ты встречаешь за свою жизнь тысячу людей, и не один из них не греет душу, а потом, ты встречаешь одного, того, кто меняет твою жизнь.

Навсегда.

Прекрасное чувство, когда ты встречаешь человека и понимаешь что это по нему ты скучал всю свою жизнь.

Я понял, как для тебе было важно чувствовать меня и узнать меня так близко.

Я даю тебе все то, что искренне чувствую к тебе с тобой это самые спокойные и счастливые дни, это маленький рай для двоих любящих людей.

Tu rencontres dans ta vie des milliers de personnes, et aucune d'entre elles ne te réchauffe l'âme, puis tu en rencontres une, celle qui change ta vie.

Pour toujours.

C'est un sentiment merveilleux lorsque tu rencontres une personne, et que tu comprends qu'elle est celle, qui t'a manquée toute ta vie.

J'ai compris à quel point c'était important pour toi de me ressentir et de me connaître si étroitement.

Je te donne tout ce que je ressens sincèrement pour toi, avec toi ce sont les jours les plus paisibles et les plus heureux, c'est un petit paradis pour deux personnes amoureuses.

Все так было первый раз в моей жизни.

Все было намного больше и сильнее, чем мы с тобой мечтали.

В душе такое приятное теплое светлое тихое спокойное чувство после встречи с тобой.

Такие дни проведенные с тобой рядом, много значат для меня, чувствую что ты живешь в моей душе во мне.

Чем больше я тебя узнаю, тем больше чувствую, какой глубокой красивой души ты человек иногда не нужно много слов главное видеть человека глаза и чувствовать его душу и оценивать его по его поступкам в жизни.

С тобой рядом и вместе это счастье, с тобой все что важно в моей жизни.

На самом деле, хочется сказать тебе столько слов чтобы выразить то, что чувствую к тебе такому близкому, единственному во всем мире человеку и этих слов все равно равно не хватает, и тогда я говорю тебе это бесконечное слово, Люблю тебя.

Любимая, твоё дыхание с каждым днём всё ближе, каждое дыхание твое где поцелуями пропитан был воздух, где каждое глубокое дыхание было мыслью Любви друг для друга, это именно таким воздухом должны дышать влюблённые, мы ты и я те люди, которых переполняет молодость и сила, душевная искренность и восторг.

Tout fut pour la première fois de ma vie.

Tout était un peu plus grand et plus fort, que nous n'en avions rêvé avec toi.

Dans mon âme, il y a un tel sentiment agréable, chaleureux, lumineux et calme après t'avoir rencontrée.

De tels jours passés avec toi à mes côtés signifient beaucoup pour moi, je sens que tu vis dans mon âme, en moi.

Plus je te connais, plus je ressens, quelle personne tu es avec une âme belle et profonde, il n'y a pas besoin de beaucoup de mots, l'essentiel est de voir les yeux de la personne, sentir son âme et de l'évaluer en fonction de ses actions dans la vie.

Avec toi près et ensemble c'est le bonheur, tout ce qui est important dans ma vie est avec toi.

En fait, je veux te dire tant de mots pour exprimer ce que je ressens pour toi, la seule et unique personne la plus proche dans le monde, et ces mots encore il n'y en aurait pas assez, et quand je te parle, je te dis ce mot infini, je t'aime.

Mon amoureuse, ta respiration se rapproche de plus en plus chaque jour, chaque souffle de toi où l'air est saturé de baisers, chaque respiration profonde fut la pensée de l'amour de l'un pour l'autre, fut le genre d'air que les amoureux ont besoin de respirer, nous sommes toi avec moi, des personnes pleines de jeunesse et de force, de sincérité spirituelle et de délice.

Забудешь ты меня ?

О чем я думаю ?

Самое важное в отношениях – чувствовать не страсть и желание, а заботу и уверенность.

Мечтал я о тебе так часто.

Мы очень много лет хотели увидеть друг друга и мечтали об этом, так много за эти года в нас накопилось любви нежности и желания, поэтому во время наших коротких встреч, мы хотели как можно больше подарить друг другу своей любви. Встречи были очень душевные и мы оба так чувствовали.

У нас сегодня целый день дождь и вчера был дождь прохладно.

Сегодня были планы поехать в лес за грибами, но дождь из рощи отдаленной, и это невозможно.

Я помню влажный лес.

Еще одна дождливая ветреная неделя.

У нас дома в последнее время была такая жара, что я наконец не выдержал и поставил.

Я смогу выслушать твои чувства с тобой, вот тот источник, который струится из ваших мыслей и чувств, душа твоя спокойна, что есть кого любить.

Всегда, пожалуйста, родная.

Задержись в моей жизни навсегда

M'oublies-tu ?

A quoi je pense ?

La chose la plus importante dans une relation est de ne pas ressentir la passion et le désir, mais le soin et la confiance.

J'ai rêvé de toi si souvent.

Cela fait de nombreuses années que nous désirons nous voir et que nous en rêvons, tant d'années d'amour et de tendresse se sont accumulées en nous et lors de nos courtes réunions, nous avons voulu nous donner notre amour le plus possible. Les rencontres ont été très émouvantes et nous avons tous deux ressenti cela.

Il a plu toute la journée aujourd'hui, et il faisait frais hier.

Aujourd'hui, il était prévu d'aller cueillir des champignons dans la forêt, mais c'est impossible car il pleut depuis le bosquet lointain.

Je me souviens de la forêt humide.

Encore une semaine pluvieuse avec du vent.

Dans notre maison, il y a eu une telle chaleur que j'ai fini par m'effondrer et me reposer.

 Je peux écouter tes sentiments avec toi, c'est la source qui découle de nos pensées et sentiments, ton âme est apaisée, quand il y a quelqu'un à aimer.

Toujours, s'il te plait, ma toute proche.

Reste dans ma vie pour toujours

Ты меня чувствуешь, понимаешь и знаешь, что я люблю в жизни и что хочу.

Хочу дарить тебе свою чистую любовь.

Это немного, но истинные чувства и редкие люди в жизни встречаются крайне редко, истинная любовь нынче редкость.

Большого счастья сразу не бывает, все нужно в этом мире заслужить, а настоящая любовь, всего раз в жизни, главное понять почувствовать и сохранить, что дается нам в жизни всего один раз!

Она всегда в нас, дана Богом, как самая главная награда и защита.

Tu me ressens, tu comprends, et tu sais ce que j'aime dans la vie et ce que je veux.

Je veux te donner mon amour pur.

C'est peu, mais les vrais sentiments et les personnes rares dans la vie, sont extrêmement rares à rencontrer, le véritable amour est rare désormais.

Il n'y a pas de grand bonheur immédiat, tout dans ce monde a besoin d'être mérité, et l'amour véritable, n'arrive juste qu'une fois dans la vie, la chose principale à comprendre, ressentir, et à sauvegarder, cela ne nous est donné dans la vie qu'une seule fois !

C'est toujours en nous, donné par Dieu, comme la récompense et la protection, la plus importante.

Как эту ночь забудешь ?

Как это прекрасно проснуться на рассвете, когда всё вокруг еще спит.

Я хочу дарить тебе много всего приятного и душевного ты мой самый близкий человек, который живет в моей душе и в моих мыслях мне так хорошо с тобой во всем.

Я тебя люблю тихо нежно искренне.

Как быстро книга жизни тает, хочу дарить тебе свою любовь.

И много пламенных и трепетных стихов.

Душа весны еще желает, а ноги в осени стоят.

Чтоб этой осенью всё было, как во сне.

Как войти в сердце и остаться там навсегда.

Войти в мое сердце и остаться там навсегда.

As-tu oublié cette nuit ?

Comme il est merveilleux de se lever à l'aube alors que tout est encore en train de dormir.

Je veux te donner beaucoup de tout ce qui est agréable et sincère, tu es ma personne la plus proche qui vit dans mon âme et dans mes pensées, je me sens si bien avec toi en tout.

Je t'aime doucement, tendrement, sincèrement.

Comme le livre de la vie fond vite, Je veux te donner mon amour,

Et beaucoup de poèmes ardents et frémissants.

L'âme désire toujours le printemps, et les jambes sont en automne.

Pour que tout cet automne soit comme un rêve.

Comment entrer dans le cœur et rester là pour toujours.

Entre dans mon cœur et restes-y pour toujours.

Вечером мы будем гулять по берегу моря дышать морским свежим воздухом, слушать шум волн и чувствовать твою руку в моей руке, и твои губы на моих губах, и потом лежать на песке и смотреть на звездное небо и если будет падать звезда, то загадать желание хотя если ты рядом, то уже все желания сбылись.

Господь исполняет не все благие желания наши, а только те, которые служат к душевной нашей пользе.

Потому что все существующее Бог сотворил к нашей пользе, ислужит к пользе души.

И вдруг поймёшь, что в мире бренном, где все надежды хороши, дороже всех прикосновений.

Прикосновение души.

Мы нашли друг друга!

Le soir, nous allons nous promener le long de la plage pour respirer l'air frais de la mer, écouter le bruit des vagues et sentir ta main dans ma main, et tes lèvres sur mes lèvres, puis nous coucher sur le sable et regarder le ciel étoilé voir si tombe une étoile, pour alors faire un vœu, et si tu es à côté, alors tous les souhaits se réaliseront.

Le Seigneur ne remplit pas tous nos bons désirs, mais seulement ceux qui servent nos âmes à notre avantage.

Parce que tout ce qui existe est créé par Dieu existant pour notre plein bénéfice, et sert au profit complet de l'âme.

Et soudain, tu comprends que dans un monde fragile, tous les espoirs sont bons, plus précieux que toutes les attentions.

Un toucher de l'âme.

Nous nous sommes trouvés l'un l'autre !

Твои глаза мне говорят о многом это зеркало твоей души, она заботится обо мне, как никто никогда не мог.

Я найду с тобой душевность о которой мечтал всю свою жизнь я хочу все искренне между нами, тогда это будет надолго и мы будем жить друг для друга.

Пусть твои руки будут ласковы со мной.

Не сомневаюсь.

Зацелуй горячими губами, чтобы воспылать страстью с горячее дыханье, глаза в глаза, рука в руке.

Хочу касаться твоих губ, и нежно обвивать тебя руками и целовать пучок волос, просыпаться утром и улыбаться тебе и касаться твоих губ, так нежно и приятно.

Как долго я тебя искал, где бы ты не была, и в твоих губах нашел начало где пью я воздух твоя любовь, твой желанный, душа с душою, снова говорила о страсть, когда родные руки обнимут крепче меня и родные губы утром поцелуют с нежность ты женщина, которую люблю.

Тронуло до глубины души, я жажду твоих горячих губ, вспоминай обо мне.

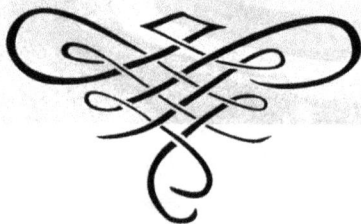

Tes yeux me disent beaucoup sur toi, c'est le miroir de ton âme, elle prend soin de moi comme personne n'a jamais pu le faire.

J'ai trouvé avec toi la spiritualité dont j'ai rêvé toute ma vie, je souhaite que tout soit sincère entre nous, ce sera alors pour longtemps et nous vivrons l'un pour l'autre.

Que tes mains soient caressantes avec moi.

Je n'en doute pas.

Embrasse mes lèvres brulantes, pour s'enflammer de passion avec un souffle chaud, les yeux dans les yeux, la main dans la main.

Je veux toucher tes lèvres et t'enrouler doucement dans mes bras, et embrasser une mèche de cheveux, me réveiller le matin en te souriant et touchant tes lèvres, si tendrement et agréable.

Combien de temps je te cherchais, là où tu n'étais pas, et trouvé dans tes lèvres où boire l'air de ton amour ton désir, l'âme avec l'âme, parle à nouveau de passion, lorsque des mains familières m'étreignent plus serré et des lèvres familières vont s'embrasser avec tendresse le matin, tu es la femme que j'aime.

Touché au plus profond de mon âme, j'attends tes lèvres chaudes, rappelle-toi de moi.

Ты самый родной и самый любимый человечек в мире. Когда тебя долго нет рядом, мир становится неинтересным. А когда ты со мной – счастливее человека нет на белом свете.

Ты воздух, которым я дышу и без которого не могу прожить ни секунды. Я люблю тебя больше и сильнее всех на свете!

Есть люди, с которыми не хочется расставаться даже на мгновение. Они как наркотик, чем больше их узнаёшь, тем меньше шансов о них забыть.

Таких людей хочется постигать, в них хочется растворяться. Они пленяют сердца, и восхищают разум. Таких людей мало, но всё же они есть. Для меня такой человек ты!

И я очень тебя люблю! Я хочу каждую минуту наслаждаться тобой и хочу отдать всю свою нежность, теплоту, заботу, ласку

Tu es la personne la plus proche et la plus aimée au monde. Lorsque tu n'es pas là depuis longtemps, le monde devient inintéressant. Et quand tu es avec moi, il n'y a pas de personne plus heureuse dans ce monde.

Tu es l'air que je respire et sans lequel je ne peux pas vivre une seconde. Je t'aime plus que quiconque au monde ! Il y a des personnes qui ne veulent pas se séparer d'un seul instant. Ils sont comme une drogue : plus on les connaît, moins ils risquent d'être oubliés.

Ces personnes veulent comprendre, on veut se dissoudre en eux. Ils captivent les cœurs et ravissent l'esprit. Ces personnes sont peu nombreuses tout est en elles. Pour moi, tu es une telle personne !

Je t'aime beaucoup ! Je veux profiter de chaque minute avec toi, et je veux donner toute ma tendresse, ma chaleur, mes soins, mon affection.

Я твои обожаю глаза, к ногам твоим брошу цветы, я не устану пить нектар душа твоя, твоих чудесных поцелуев. Хочу я быть с тобой чаще, хочу я слышать твой голос, и пусть то, что сегодня было мечтой, завтра станет частью жизни с тобой. А возраст наш, он измеряется душой, и только в твоих объятьях я понимаю - ещё живу, та встреча с тобою, волшебная, давно я такую искал, я так хочу тебя снова обнять, чувствую душа твоя с улыбкой на устах, когда в своих руках ты держишь сердце мою.

Я все хочу с тобой, хочется тебе сказать так много нежных и ласковых слов и эмоции встречи с тобой переполняют меня.

Давай всегда будем вместе. До сих пор не могу поверить, что мы нашли друг друга это огромная удача и подарок жизни и очень много счастья рядом с тобой.

Мы друг другу, быть рядом всегда - что мы нашли друг, любовь, доверие, преданность - быть верными друг другу - понимание, искренние чувства, огромная, счастье - это удача, успех и благополучие с тобой.

Я радовалась такой возможности вместе и тому, как мы теперь понимаем друг друга ты и я.

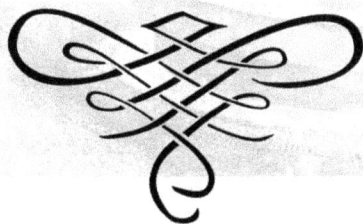

J'adore tes yeux, à tes pieds je jette des fleurs, je ne me lasserai pas de boire le nectar de ton âme, tes merveilleux baisers. Je veux être avec toi plus souvent, je veux entendre ta voix et qu'aujourd'hui soit un rêve, qui deviendra demain une partie de la vie avec toi. Et nôtre âge, est mesuré par l'âme, et seulement dans tes étreintes je comprends, et je vis encore, cette rencontre magique avec toi, je cherchais cela depuis longtemps, je veux à nouveau te chérir, je ressens ton âme avec un sourire sur mes lèvres, quand dans tes mains tu tiens mon cœur.

Je veux tout avec toi, je souhaiterais te dire que tant de mots doux et affectueux et d'émotions qui me submergent dans cette rencontre avec toi.

Soyons toujours ensemble. Jusqu'à présent, je ne peux pas croire que nous nous sommes trouvés c'est un énorme succès et un cadeau de vie avec beaucoup de bonheur à côté de toi.

Nous sommes toujours ensemble l'un et l'autre, nous ayons trouvé un ami, amour, confiance, dévouement, être fidèle l'un à l'autre, la compréhension, sentiments sincères, un grand bonheur, c'est une chance, succès et reconnaissance avec toi.

J'étais heureux de cette opportunité ensemble et comment nous nous comprenons maintenant l'un l'autre, toi et moi.

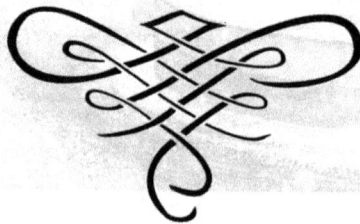

Когда мы рядом, мы как дети и так приятно это чувствовать когда радость эмоции чувства переполняют тебя, это и здоровье и счастье и удача.

Как важно в жизни встретить человека и быть уверенном в нем и остаток жизни прожить в любви, заботе и внимании друг к другу и хочется покоя в душе и приятной тихой нежности.

Мы ищем родственную душу всегда и везде, даже если сами этого порой не осознаем, и ты моя родная душа!

Quand nous sommes proches, nous sommes comme des enfants et c'est tellement agréable de ressentir quand la joie des sentiments des émotions vous submerge, c'est la santé, le bonheur et la chance.

À quel point est-il important dans la vie de rencontrer une personne et d'avoir confiance en elle, et de passer le reste de sa vie dans l'amour, le soin et l'attention l'un pour l'autre et souhaiter la tranquillité de l'esprit et une tendresse agréable.

Nous recherchons une âme sœur toujours et partout, même si nous ne le réalisons pas nous-mêmes parfois, et tu es mon âme sœur !

Много нежных и ласковых слов и эмоции с тобой переполняют меня.

 С тобою рядом я могу пройти, пусть в жизни будет много дней хороших с тобой!

У тебя очень много замечательных качеств, Эти и другие замечательные качества очень ценят, к счастью, мы нашли друг друга.

Я буду с тобой столько, сколько это будет возможно для нас с тобой, а хочу быть с тобой всегда.

Ты к этому как относишься?

Поэтому мы с тобой уже так долго вместе и сейчас очень счастливый период в нашей жизни. Мы научились понимать друг друга и быть внимательными и нежными в отношениях.

❧

Beaucoup de mots doux et affectueux et d'émotions me submergent avec toi.

Avec toi, je peux continuer. Que dans la vie il y ait beaucoup de bons jours avec toi !

Tu as tant de qualités merveilleuses, celles-ci et d'autres merveilleuses, sont très appréciables, heureusement, nous nous sommes trouvés l'un l'autre.

Je serai avec toi autant que cela sera possible pour nous avec toi, et je veux toujours être avec toi.

Comment te sens-tu avec cela ?

Parce que nous sommes ensemble depuis si longtemps et que nous sommes désormais dans une période très heureuse de notre vie. Nous avons appris à nous comprendre l'un l'autre, et à être attentifs et doux dans nos relations.

Почему так много лет мы хотели друг друга ?

Мы созданы друг для друга и судьба свела нас, и сейчас мы живем друг другом и этим счастьем, любви, желания и уважения.

Хочу будущее для нас, мы так долго уже вместе, я хочу до конца с тобой и чтобы в будущем мы были в браке, хочу быть только с тобой до конца своих дней, как мы можем жить вместе, наверное мы бы были самой счастливой и нежной парой.

Знаешь, я тебе хочу сказать эти слова сейчас ты моя жизнь, это правда и очень искренне.

Pourquoi tant d'années, nous nous voulions l'un l'autre ?

Nous avons été créés l'un pour l'autre et le destin nous a réunis et maintenant nous nous vivons l'un avec l'autre, et ce sont bonheur, amour, désir et respect.

Je veux un avenir pour nous, nous sommes ensemble depuis si longtemps, je veux aussi finir avec toi et que dans le futur nous nous soyons mariés, je veux seulement être avec toi pour le reste de ma vie, pour que nous puissions vivre ensemble, nous serions probablement le couple le plus heureux et le plus affectueux

Tu sais, je veux te dire ces mots maintenant tu es ma vie, ceci est vrai et très sincère.

Хорошо, когда мужчина тебя хочет.

Но лучше, когда боится тебя потерять, просто ты не разбрасываешься своими чувствами.

Я тоже.

Так важно найти в жизни чтобы люди совпадали душевно и также во всем остальном и тогда они очень счастливы вместе.

Это наши души потянулись друг к другу, но ты всё сопротивляешься.

Ты сопротивляешьсяно твоя душа всё ещё моя - моя душа подчиняется.

Так что сопротивление бесполезно!

C'est bien quand un homme te veut.

C'est mieux quand il a peur de te perdre, simplement ne rejette pas mes sentiments.

Moi aussi.

Il est si important de trouver dans la vie des personnes qui coïncident mentalement et aussi dans tout le reste, alors, ils sont très heureux ensemble.

Ce sont nos âmes attirées l'une par l'autre, mais tu résistes à tout.

Tu résistes mais ton âme est toujours mienne, mon âme se soumet.

Toute resistance est inutile !

Я очень преданный человек.

Похоже ты все уже у меня забрал и тело и мою душу.

Мы сейчас с тобой живем друг другом и поэтому постоянно мысли друг о друге.

Я раньше не знал что люди могут меня чувствовать глубже.

Близкие люди живут друг в друге, и на больших расстояниях в единой душе, срабатывает закон притяжения.

Я буду на всю твою нежность отвечать нежностью и душевностью, чтобы для тебя все это было так в первый раз в жизни, я хочу с тобой так.

Неужели все это было бы возможно в нашей с тобой жизни?

Je suis une personne très dévouée.

On dirait que tu as déjà tout pris de moi et du corps et mon âme.

Nous vivons maintenant avec toi l'un avec l'autre et nous pensons constamment l'un à l'autre.

Je ne savais pas avant, que des personnes peuvent me ressentir si profondément.

Les gens proches vivent l'un pour l'autre, et à de grandes distances dans une âme unique, la loi de l'attraction fonctionne.

Je répondrai avec tendresse et sincérité à toute ta tendresse, pour que tout cela soit pour toi, comme pour la toute première fois de ta vie, je veux cela avec toi.

Tout cela pourrait-il être possible dans notre vie ?

Несколько лет назад в моей жизни появился замечательный человек, это ты, я уверен, что дальше будет еще лучше, потому что наша с тобой жизнь будет насыщенной.

Я хочу, чтобы у тебя всё было хорошо и замечательно, я хочу, чтобы наш с тобой путь был мягким и теплым.

Ты в своей жизни и сейчас я буду дарить тебе энергию и вдохновлять тебя становиться лучше, а завтра будет ещё лучше.

Когда мы будем полностью открыты друг для друга в общении и в близости тогда нам будет очень легко и мы будем уже парой, мы очень хорошо должны знать и чувствовать друг друга.

Il y a quelques années, une personne merveilleuse est apparue dans ma vie, c'est toi, je suis sûr que ce sera encore meilleur par la suite, car notre vie avec toi sera pleine.

Je veux que tout soit bon et merveilleux pour toi, je veux que notre chemin avec toi soit doux et chaleureux.

Tu es dans ma vie et maintenant je vais te donner de l'énergie et t'inciter à aller mieux, et demain sera encore mieux.

Lorsque nous serons complètement ouverts l'un à l'autre dans la communication et dans l'intimité, ce sera très facile pour nous et nous serons un couple, nous devons bien nous connaître et nous ressentir l'un l'autre.

Гармония в отношениях, взаимопонимание- это работа двоих-мужчины и женщины, с тобой вся моя жизнь стала совершенно другой и более.

Одна большая любовь, которая произошла один раз за всю жизнь, оправдывает все те бесконечные приступы отчаяния, которым человек бывает обычно так подвержен.

В себе красивое настоящее чувство с тобой.

Как почувствовать себя любимым если ты нет рядом мне?

Человеку важно чувствовать себя любимым, чтобы ощущать свою значимость, ценность, нужность в этом мире кал я с тобой.

Когда человек чувствует себя любимым.

Целоваться до дрожи в коленках, целуй мне.

Когда вас любят – слов не надо, в поступках видно всё, в глазах, и не вздумай сопротивляться, ну так приезжай скорее.

Как слова совпадают с губами, с тихие касания губ.

Из твоих губ, просто по душам греть.

Просто почувствуй меня.

В глаза так хочу посмотреть.

L'harmonie dans les relations, la compréhension mutuelle, c'est le travail de deux hommes et femmes, avec toi, toute ma vie est devenue complètement différente et plus heureuse

Un grand amour ne se produit qu'une fois dans la vie justifie tous ces désespoirs sans fin, auxquels une personne est habituellement si exposée.

En soi un bel et réel sentiment avec toi !

Comment se sentir aimé, si tu n'es pas à côté ?

Il est important pour une personne de se sentir aimée, de ressentir son importance, sa valeur, son besoin dans ce monde, comme moi avec toi.

Quand une personne se sent aimée.

S'embrasser jusqu'à ce que les genoux flageolent, embrasse-moi.

Lorsque l'on t'aime, tu n'as pas besoin de mots, en effet, tu peux tout voir dans les yeux, et ne pense même pas à résister, alors viens rapidement.

Quand les mots correspondent aux lèvres, en touchant doucement les lèvres.

A partir de tes levres, simplement réchauffer l'âme.

Simplement ressens-moi.

Je veux voir cela dans le regard.

Так приятно любить взаимно и еще когда так нежно и душевно, как мы с тобой.

Я мечтаю чувствовать тепло твоих рук и теплоту твоего тела.

И это так спокойно и так уютно в твоих руках.

Ты лучшее, что было у меня.

Ты лучшее, что со мной случалось в жизни.

Я тебе доверяю.

Благослрвенного дня с тобой.

C'est tellement agréable de s'aimer réciproquement et quand c'est si tendre et si spirituel, comme nous avec toi.

Je rêve de sentir la chaleur de tes mains, et la chaleur de ton corps.

Et c'est tellement calme et tellement confortable etre tes mains.

Tu es le meilleur que j'ai eu.

Tu es ce que j'ai eu de meilleur dans ma vie.

Je te fais confiance.

Jour béni avec toi.

Доброта, нежность, ласка и забота - это проявление внутренней силы, а не слабости, мы друг для друга даем огромный стимул в нашей с тобой жизни. Мы живем друг другом. Я не представляю жизни без тебя, ты мне очень нужен, как воздух.

Я хочу близко дышать твоим ароматом и чувствовать твое желание, я хочу осторожно касаться губами и твоего тела везде.

Мне хочется к тебе прижаться и утонуть в твоих глазах, значит судьба быть вместе, мы будем чувствовать друг друга душами.

Ты женщина, которую люблю, с тобою рядом время забываю, я благодарю тебя за те дни часы минуты и годы которые ты даришь мне, мы так близки и я очень счастлив с тобой.

Так приятно любить взаимно и еще когда так нежно и душевно, как мы с тобой.

Я рад каждому прошлому мгновению, я благодарю судьбе за то, что это было с тобой и во тебе к мне.

Зови меня.

Твой голос нежный и манящий.

Я жду звонка.

Зачем же голос твой умолк.

Хочу слышать твой голос.

Я хочу к тебе прикоснуться не руками.

La gentillesse, la tendresse, la caresse et les soins sont une manifestation de force intérieure et non de faiblesse, nous, nous encourageons mutuellement dans notre vie. Nous vivons ensemble. Je n'imagine pas la vie sans toi, j'ai vraiment besoin de toi, comme l'air.

Je veux respirer ton arôme de près et ressentir ton désir, je veux toucher doucement les lèvres, et ton corps partout.

Je veux me blottir et me noyer dans les yeux, cela signifie que notre destin est d'être ensemble, nous ressentirons avec non âmes l'un l'autre.

Tu es la femme que j'aime, avec toi à côté, j'oublie le temps, je te remercie aussi pour ces jours, heures, minutes, et années que tu me donnes, nous sommes si proches et je suis très heureux avec toi.

C'est agréable de s'aimer réciproquement et encore plus lorsque c'est si tendre et si spirituel, comme nous avec toi.

Je suis heureux pour chaque moment du passé, je remercie le destin pour ce qui ce fut, avec toi et en toi envers moi.

Appelle-moi.

Ta voix est douce et séduisante.

J'attends ton appel.

Pourquoi ta voix s'est tue.

Je veux entendre ta voix.

Je veux toucher doucement tes mains.

Любовь - это когда тебя выбирают, каждый день.

Исключительно тебя.

Вся суть жизни

Есть предел слов, но нет границы чувств и вместимости сердца.

Наверное, я хотел бы услышать именно эту фразу, я люблю тебя, мы очень нужны друг другу, с тобой моя жизнь стал спокойнее увереннее и хочу жить для тебя.

Каждый человек хочет чувствовать себя нужным, и необходимым. Так вот кто я для тебя.

Вся наша жизнь одно мгновенье с тобой.

L'amour, c'est quand on est choisi, chaque jour.

Exclusivement toi.

L'essence même de la vie.

Il y a une limite de mots, mais il n'y a pas de limite aux sentiments et à la capacité du cœur.

Probablement je voulais entendre cette phrase, je t'aime, nous avons vraiment besoin l'un de l'autre, avec toi, ma vie est devenue plus calme et plus confiante et je veux vivre pour toi.

Chaque personne veut se sentir nécessaire et indispensable. C'est donc je que je suis pour toi.

Toute notre vie est en un seul moment avec toi.

Никогда нельзя отказываться от мечты!

Каждый сам вправе выбирать как ему жить и мечтать.

Мечты питают нашу душу, так же как пища питает тело.

Ведь если правда любишь, то многое можно понять, простить и преодолеть, отношения начинаются с того момента, когда ваши души переплелись.

Я не разочаровался в тебе.

Я отдаю всё, что имею

Я не умею любить вполовину.

Il est toujours impossible d'abandonner un rêve !

Tout le monde a le droit de choisir comment vivre et rêver.

Les rêves nourrissent notre âme, tout comme la nourriture nourrit le corps.

Après tout, si tu aimes vraiment, tu peux comprendre beaucoup, pardonner et surmonter, la relation commence au moment où vos âmes sont entrelacées.

Je ne suis pas déçu de toi.

Je te donne tout ce que j'ai.

Je ne sais pas aimer à moitié.

Просто мне хотелось стать тебе ближе.

Я горжусь, что жизнь нас свела с тобой.

Наверное, я хотел бы услышать именно эту фразу, не я люблю тебя, не ты мне нужна, и прочее, а именно то, что меня будут беречь, я буду тебя беречь.

Не топтаться на моих чувствах, не отворачиваться, когда мне необходима поддержка, когда меня нужно обнять и сказать, что все будет хорошо.

Я нуждаюсь в том, чтобы чувствовать себя в безопасности.

Я буду тебя беречь

И я хочу быть этим самым дорогим.

И всё.

Je voulais juste me rapprocher de toi.

Je suis fier que la vie nous ait réunis avec toi.

J'aimerais probablement entendre cette phrase, pas je t'aime, pas j'ai besoin de toi, et ainsi de suite, à savoir, que l'on va prendre soin de moi, Je vais prendre soin de toi.

Ne pas piétiner mes sentiments, ne pas se détourner quand je besoin d'un soutien quand je besoin d'un câlin, et entendre dire que tout ira bien.

Pour me sentir moi-même en sécurité.

Je vais prendre soin de toi.

Et je veux être cette personne, la plus précieuse.

Voilà, c'est tout.

Понимать и чувствовать любовь, а значит просто жить в согласии и в гармонии с душой, именно в деталях скрывается настоящая любовь, это так много для меня больше, чем все то что было ранее в моей жизни.

Всё это с тобой.

Я понял, что душу не обманешь, я выбрал тебя душой и потом уже ближе тебя узнал.

Как нам было божественно приятно вместе и улыбаюсь и жду очень новой встречи, со мной уют и покой, так, как у тебя ранее не было никогда.

Хочется касаться тебя нежно как шелком

Знаешь, я так нежно хочу ласкаться к тебе и дышать аромат твоего тела.

Ты мне очень нужен, пожалуйста будь со мной, в тебе вся моя жизнь.

Я очень соскучилась по тебе и буду больше ласкаться с тобой целовать и познавать тебя глубже и твои желания.

Comprendre et ressentir de l'amour cela signifie simplement, vivre en accord et en harmonie avec l'âme, c'est dans les détails que réside le véritable amour, c'est tellement plus que tout ce qui fut auparavant dans ma vie.

Tout ceci avec toi.

Je me suis rendu compte que l'âme ne peut pas être dupée, je t'ai choisie avec mon âme et ensuite je te connaissais mieux connue.

Comme nous avons été divinement heureux ensemble, et je souris et attends avec impatience une toute nouvelle réunion, avec moi, confort et paix, comme tu n'en as jamais eu auparavant.

Je souhaiterais te caresser doucement comme de la soie

Tu sais je veux si tendrement te caresser et respirer l'odeur de ton corps.

J'ai vraiment besoin de toi, s'il te plaît sois avec moi, en toi il y a toute ma vie.

Tu me manques tellement je vais te caresser d'avantage et nous nous embrasserons avec toi pour connaître plus profondément tes désirs.

В возрасте нам уже хочется стабильной жизни и надежности во всем.

Особенно хочется быть уверенным в своем партнере, что с ним будет спокойно и надежно во всем.

Сердце стучит сильнее и радость в глазах и все мысли о тебе, я буду нежно и заботливо сохранять и улучшать все что возможно между нами, женщина должна быть очень уверенна в своем мужчине и нужно время, чтобы все почувствовать и понять и оценить, чувствовать себя счастливым.

Когда у нас с тобой близость, мне важно чувствовать тебя душой.

Так редко бывает в парах, но с тобой хочется так.

Душевность с тобой для меня это очень важно, так я познаю и чувствую тебя глубже и любовь сильнее и желание тоже.

Мы очень красивой любящей душевной парой, я все это очень ценю.

Мне хочется подарить тебе самую большую нежность.

Я очень хочу быть с тобой и почувствовать все что будет возможно нам вместе.

Avec l'âge l'âge, nous voulons désormais une vie stable et fiable en tout.

Ce que nous voulons surtout, est d'avoir confiance en son partenaire, pour que ce soit avec lui calme et fiable en tout.

Le cœur bat plus fort avec de la joie dans les yeux et toutes les pensées portent sur toi, je vais doucement et soigneusement préserver et améliorer tout ce qui est possible entre nous, une femme doit être très confiante en son homme et prendre le temps de sentir et de comprendre et d'apprécier, se sentir soi-même heureux.

Lorsque nous sommes intimes avec toi, il est important pour moi de sentir ton âme.

Cela arrive rarement dans les couples, mais je désire cela avec toi.

La spiritualité avec toi, est très importante pour moi, alors je te comprends et je te sens plus en profondeur et l'amour est plus fort, le désir aussi.

Nous sommes un couple très amoureux et sensuel, et cele est très tendre.

Je veux te donner la plus grande tendresse.

Je veux vraiment être avec toi et ressentir tout ce qui sera possible pour nous ensemble.

Я хочу чтобы у тебя со мной тоже были самые счастливые и лучшие дни в твоей жизни.

Я тебя буду любить до конца, пока я живу, я это знаю.

Это самый дорогой подарок для меня в жизни ты и наша с тобой искренняя любовь.

Мы с тобой и правда очень редкая пара, по душевности и нежности, так как у нас с тобой почти в мире встретить не возможно, просто мы два очень редких человека умеющих так нежно и долго любить и строить наши отношения, потому что с каждым годом все лучше и сильнее.

Я подарю все что есть во мне лучшее тебе.

Мы хотим немного остроты, много нежности и немного разнообразия, главная составляющая-душевное а потом влечение друг к другу, полное единение.

Надеюсь, ты сонно глазки закрывая, тоже мечтаешь со мной рядом.

Твое отношение, твоя забота, твое внимание, такая редкая душевность, все это вызывает к тебе такую открытой душой, это олучать удовольствие от жизни и любить себя настолько, чтобы суметь полюбить кого-то еще, думаю так правда в хорошем смысле.

Je veux que pour toi avec moi, cela soit également les plus heureux jours de ta vie.

Je t'aimerai jusqu'à la fin, tant que je serai en vie, je sais celà.

C'est le cadeau le plus précieux pour moi dans la vie, toi et notre amour sincère avec toi.

Nous sommes vraiment un couple très rare avec toi, dans la sincérité et tendresse, car rencontrer dans le monde des personnes comme nous avec toi, est pratiquement impossible, nous sommes simplement deux personnes très rares qui savent aimer et construire leurs relations avec tendresse et pour longtemps, car chaque année tout s'améliore et se renforce

Je te donne tout ce qui est en moi de meilleur pour toi.

Nous voulons un peu de fantaisie, beaucoup de tendresse et un peu de variété, la principale composante est la spiritualité de l'âme, et ensuite l'attraction de l'un pour l'autre, l'union totale.

J'espère que tu fermes tes yeux, et que tu rêves aussi avec moi à tes cotés.

Ton attitude, tes soins, ton attention, cette rare affinité, tout cela tend à ton égard dans une telle ouverture d'âme, et ceci consiste à obtenir du plaisir de la vie et à s'aimer suffisamment pour pouvoir aimer quelqu'un d'autre, je pense que c'est authentique dans le bon sens du terme.

Я думаю у нас с тобой сильно развита интуиция и много чувствуем то, чего не чувствуют другие люди. Мы чувствуем друг друга настроение, когда нам грустно или когда мы счастливы.

Сквозь расстояние и время.

Я тоже чувствую тебя.

Я счастлив, что мы стали так близки.

Ты знаешь, что я тебя люблю все сильнее.

Иногда мне кажется, что мы влюблены друг в друга светлой чистой любовью и рады потому что так в первый раз.

Я очень ценю такие мгновения.

※

Je pense que nous avons avec toi, une forte intuition et ressentons beaucoup de choses qui ne sont pas ressenties par les autres. Nous ressentons l'humeur l'un de l'autre quand nous sommes tristes ou quand nous sommes heureux.

À travers la distance et le temps.

Je te ressens aussi.

Je suis heureux que nous soyons devenus si proches.

Tu sais que je t'aime encore plus fort.

Parfois, il me semble que nous sommes amoureux l'un de l'autre d'un amour pur et lumineux et comme pour la toute première fois.

J'apprécie vraiment de tels moments.

С возрастом ждешь настоящее, это важно душевный покой нежность взаимность.

У меня всегда есть время для тебя и я скучаю по тебе, душа моя твоя.

Я много чувствую, просто иногда это не говорю тебе, когда мы с тобой стали жить вместе мы стали с тобой искренними и очень нежными, тебя очень приятно любить, очень вкусно, пусть будет чудесный день и приятные мысли обо мне и я буду думать о тебе и улыбаться, с открытой душой я буду думать о тебе и улыбаться.

Пусть день будет наполнен радостью и красотой и желание и взаимная фантазия между нами в любви.

Avec l'âge, tu attends l'instant présent, la tranquillité d'esprit, la tendresse, la réciprocité, sont importants.

J'ai toujours du temps pour toi et tu me manques, mon âme est tienne.

Je ressens beaucoup, parfois je ne te le dis pas, quand toi et moi avons commencé à vivre ensemble, nous sommes devenus sincères et très tendres avec toi, il est agréble de t'aimer cela est gouteux, que ce soit une journée merveilleuse et des pensées agréables sur moi et je penserai à toi et sourirai, avec une âme entrouverte, je penserai à toi et sourirai.

Que ce jour soit rempli de joie et de beauté et que le désir et l'imagination réciproque entre nous soit dans l'amour.

У нас с тобой очень добрые души, мы сохранили с тобой эту врожденную доброту и чувственность, нисмотря на то, что нас с тобой в детстве не любили наши мамы. Сейчас мы дарим нашу доброту и нежность друг другу, то чего нам не дали близкие люди с которыми мы жили долгие годы вместе.

Моей душе Господь уготовил участь странную, более чувствительную чем обычному человеку, неисчерпаемую ценность, что служить Богу великая честь.

Способность души стать единой с Богом, способность души к восприятию и осознанию, когда обретаем опыт, Бог пребывает в нас, и мы в Нем. Делать то, что подсказывает сердце и душа что происходит у тебя в Душе.

Ты долгое время в моей душе и моя душа чувствую никогда не отпустит тебя, ты далеко, но то что случилось с нами я чувствую тебя очень близким мне человеком, просто есть и вы продолжаетесь друг в друге, это допускает нечто вечное, стабильное и неизбывное, как мысли и чувства двоих сливаются в один поток.

В душу твою нырнуть — посмотреть что там.

Целую тебя, моя любовь, глубоко, до обморока, жду письма, люблю тебя. Я люблю в тебе эту твою чудесную понятливость, словно у тебя в душе по духу человек.

Твой чудный взгляд меня томил, в душе твой голос раздавался, спасибо за присутствие в моей жизни

Я тебя нашёл, теперь ты мо я, я тебя никому не отдам и всегда буду рядом, души по- особому переплетаются, наши души уже давно переплелись.

Целую тебя, моя безусловная Любовь.

Toi et moi avons de très douces âmes, nous avons conservé avec toi cette gentillesse et cette sensualité innées, malgré le fait que nos mères ne nous ont pas aimés dans notre enfance. Désormais, nous nous donnons notre gentillesse et notre tendresse, ce que des personnes proches avec qui nous vivons ensemble depuis de nombreuses années ne nous ont pas donné.

La capacité de l'âme à devenir un avec Dieu, la capacité de l'âme, à percevoir et à prendre conscience, lorsque nous acquérons de l'expérience Dieu habite en nous et nous en lui.

Le Seigneur a préparé pour mon âme un destin étrange, plus sensible qu'une personne ordinaire, c'est un grand honneur de servir Dieu. Faire ce que le cœur et l'âme disent ce qui se passe en toi dans l'âme.

Tu es dans mon âme depuis longtemps et je sens que mon âme ne te laissera jamais partir, tu es loin, mais par ce qui est arrivé entre nous je te ressens comme une personne très proche de moi, simplement, être et continuer l'un dans l'autre, ceci permet quelque chose d'éternel, stable et incontournable, quand les pensées et sentiments de deux se confondent en un seul et même flux.

Plonger dans ton âme et voire ce qu'il y a là-bas.

Je t'embrasse, mon amour, profondément, avant de m'évanouir, j'attends une lettre, je t'aime. J'aime en toi cette merveilleuse compréhension, comme si tu avais une personne dans l'âme.

Ton regard merveilleux m'a tourmenté, dans l'âme ta voix a été entendue, merci d'être dans ma vie.

Je t'ai enfin trouvée, désormais tu es à moi, je ne te donnerai à personne et je serai toujours à tes côtés, les âmes s'entrelacent spécialement, nos âmes sont depuis longtemps entrelacées.

Je t'embrasse, mon amour inconditionnel.

Цените верность!

Это самое драгоценное качество в любви, дружбе и в жизни.

Верность в течение всей жизни — это тот идеал, к которому необходимо стремиться.

В наше непростое время, постоянство — на вес золота.

Мы ищем родственную душу всегда и везде, даже если сами этого порой не осознаем, все мы ищем душевное родство, даже если существование души не верим.

Если вы друг друга обрели, это настоящий подарок небес, не потеряйте то, что даровано вам. Берегите друг друга и вашу любовь.

Не разрушайте то хрупкое, редкое и великое чувство, которое суждено вам.

Appréciez la fidélité !

C'est la qualité la plus précieuse en amour, en amitié et dans la vie.

La loyauté tout au long de la vie est l'idéal auquel il faut s'efforcer.

Dans nos moments difficiles, la consistance vaut son pesant d'or.

Nous sommes à la recherche d'une âme sœur, toujours et partout, même si parfois on ne s'en rend pas compte soi-même, que nous sommes tous à la recherche de la parenté spirituelle, même si on ne croit pas à l'existence de l'âme.

Si vous vous êtes trouvés l'un l'autre, c'est un vrai cadeau du ciel, ne perdez pas ce qui vous est donné. Prenez soin de vous et de votre amour.

Ne détruisez pas ce sentiment fragile, rare et formidable qui vous est destiné.

Бог создает нас парами и мы ищем свою вторую половину.

Встречу души всегда чувствуешь.

Ты даришь мне свой нежный взгляд.

Ты мне душу согреваешь.

Полюбив Душу, уже не захочешь другой души и другого тела.

Мы нашли друг в друге то, что нам приятно обоим.

Наверное это Божий дар, так чувствовать и желать друг друга, как мы с тобой.

Когда две души находят друг друга, то они навсегда вместе.

Моя жизнь без тебя теряет всякий смысл.

Кто бы мог подумать, что ты похожа на сон и я боюсь проснуться.

Посмотри мне в глаза, Глаза в Глаза.

Объединить биенье сердца моего с твоим, связать в одну две наши жизни и чувства наши воедино слить.

С тобой рядом дни пролетают, как один миг.

Один миг, но такой приятный и запоминающийся.

Жизнь коротка, а ее счастливые мгновенья еще короче.

Делая других счастливее, мы становимся частицею этого счастья.

Счастье там, где Бог.

Душа – это то, чего нельзя увидеть или почувствовать, но это не мешает ей делать нас лучше.

Мы умеем друг друга любить душой.

Искренняя любовь приносит взаимное счастье с тобой.

И я не знаю другой, более глубокой и чистой любви.

У каждого из нас есть кто-то, кто проникает глубоко в душу и остается там навсегда.

Две души могут коснуться друг друга, если они друг другу предназначены.

Я буду нежно и трепетно хранить наши чувства и отношения глубоко в душе и сердце.

Наверное это Божий дар или подарок для нас с тобой так чувствовать друг друга.

Я душу распахнул.

Внимание к мелочам, глобально изменяет жизнь.

Мы не должны делать друг другу больно душе и быть невнимательными друг к другу.

Нам хорошо, когда мы спокойные в любви и нежности.

В Царствии Божьем будет только родство душ.

На сколько было возможно.

У меня с тобой было так, кажется наперсвый взгляд.

У нас одинаковая душа, вернее она единая.

Мы живём просто волею судьбы.

Я думаю, это и есть тот редкий случай, который однажды преподносит жизнь или судьба.

Только бы правильно его использовали.

Я найду тебя везде.

И в этом мире и в другом.

Теперь я знаю, что Любовь - это Ты и только Ты.

Я нашел тебя, в бесконечное количество времени.

Наши сердечки, твоё и моё, стучат в унисон.

Dieu nous crée par paires et nous recherchons notre autre moitié.

Tu ressens toujours la recontre de l'âme.

Tu me donnes ton tendre regard.

Tu réchauffes mon âme.

Quand tu aimes l'âme, tu ne veux plus d'une autre âme et d'un autre corps.

Nous avons trouvé l'un dans l'autre ce qui est agréable pour nous deux.

Probablement que c'est un don de Dieu, se ressentir et se désirer l'un l'autre, comme nous avec toi.

Quand deux âmes se rencontrent, elles sont ensemble pour toujours.

Ma vie perd tout son sens sans toi.

Qui aurait pensé que tu ressemblerais à un rêve et j'ai peur de me réveiller.

Regarde-moi dans les yeux, les yeux dans les yeux.

Combiner le battement de mon cœur avec le tien, relie nos vies et nos sentiments, et fusionne nos deux sentiments en un.

Avec toi à coté, les jours passent, comme un instant.

Un moment, mais si agréable et mémorable.

La vie est courte et ses moments de bonheur sont encore plus brefs.

En rendant les autres plus heureux, nous faisons partie de ce bonheur.

Le bonheur est là Dieu est.

L'âme est quelque chose qui ne peut être vu ou ressenti, mais cela ne l'empêche pas de nous rendre meilleurs.

Nous savons comment nous aimer l'un l'autre avec l'âme.

Un amour sincère apporte un bonheur réciproque.

Et je ne connais pas un autre amour plus profond et pur.

Chacun d'entre a quelqu'un qui pénètre profondément dans l'âme et y reste pour toujours.

Deux âmes peuvent se toucher l'une l'autre si elles sont prédestinées l'une pour l'autre.

Je vais doucement et respectueusement sauvegarder nos sentiments et nos relations profondément au fond de mon cœur et de mon âme avec douceur et révérence.

Peut-être est-ce un don de Dieu ou un cadeau pour nous, avec toi, que de se ressentir ainsi l'un l'autre.

J'ai ouvert mon âme.

L'attention aux petites choses, transforme globalement la vie.

Nous ne devrions pas nous faire du mal dans l'âme et être inattentifs l'un envers l'autre.

Nous nous sentons bien quand nous sommes calmes dans l'amour et la tendresse.

Dans le royaume de Dieu, il n'y aura que de la parenté d'âme.

Dans la mesure du possible.

J'étais avec toi comme ça dès le premier regard.

Nous avons la même âme, véritablement unique.

Nous vivons par la volonté du destin.

Je pense que c'est un cas rare qui n'est apporte qu'une fois par la vie ou le destin.

Nous devons juste l'utiliser correctement.

Je te trouverai partout.

Et dans ce monde et dans l'autre.

Désormais, je sais que l'amour c'est toi et seulement toi.

Je t'ai trouvée dans l'nfini de l'espace et du temps.

Nos cœurs, le tien et le mien, battent à l'unisson.

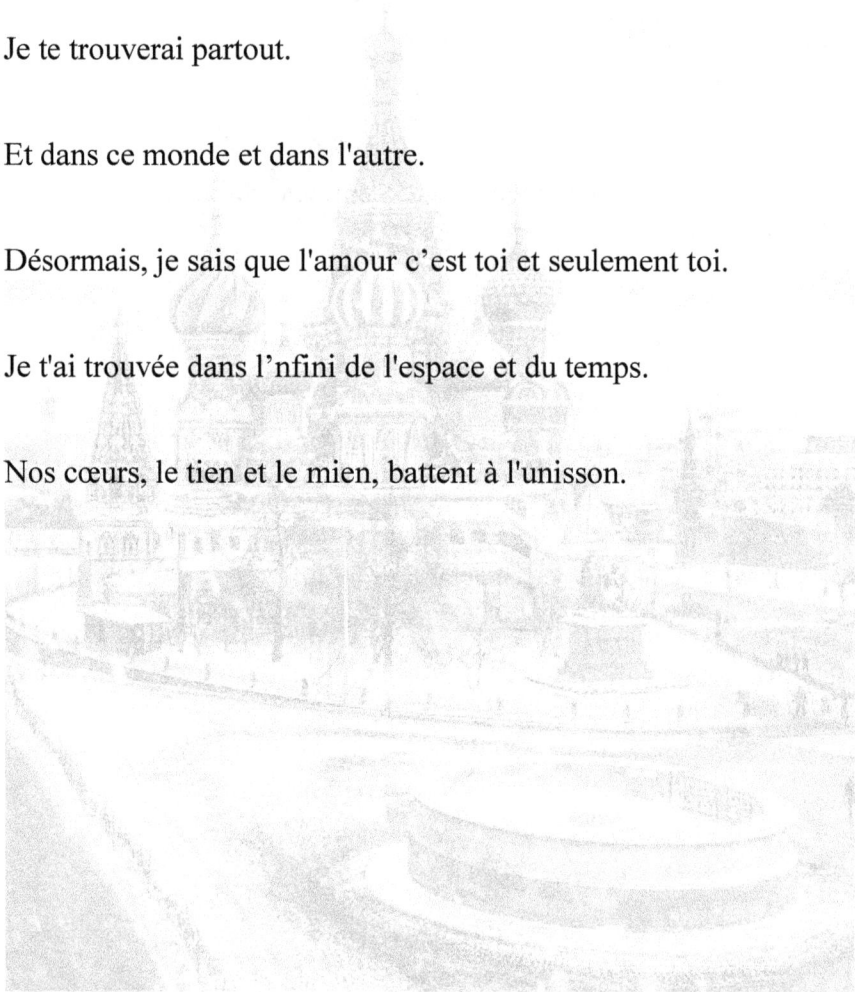

© Tous droits réservés Copyright : François Garijo
2018

Автор, книжный редактор, издательство

© Франсуа Гарижо 2018г

ISBN 979-10-97252-12-0

www.ingramcontent.com/pod-product-compliance
Lightning Source LLC
Chambersburg PA
CBHW070835100426
42813CB00003B/630